岡根谷実里
Misato Okaneya

大和書房

世界の食卓から社会が見える

はじめに

こんにちは、世界の台所探検家の岡根谷実里です。世界各地の家庭を訪れ、滞在させてもらいながら一緒に料理をし、料理から見える社会や暮らしを伝えています。

使い込まれた台所に立ち、土地の食材を手にして、そこに暮らす人たちと料理をしていると、鍋から立ち上る湯気のごとく、ゆらゆらと疑問が浮かんできます。

・どうしてここのほうれん草は日本のより味が強いんだろう
・肉とチーズを一緒に食べることが宗教的にだめってどういう理屈だろう
・なぜアボカド産地なのにいいアボカドが買えないのだろう
・この国の人は本当にヨーグルトをたくさん食べているんだろうか

一つひとつは、取るに足らないひとりごとです。でもそんな疑問を掘っていくと、思いがけない社会の話題につながることがあるのです。

私が台所探検をしていて興奮する瞬間は、日常の食卓にのぼるさもない料理から、世界の大きな動きが見えてきた時。その人たちにとっては当たり前すぎて何とも思わない食事に、世間を賑わせているニュースや、むかし社会科の教科書で見た歴史的出来事が関連していて、料理すること、食べることを通して世界がくっきり見えてくるのです。

この本は、「世界一おいしい社会科の教科書を作りたい」という思いで書き始めました。中学までの社会科は暗記ばかりでさっぱりだったのに、高校で地理が一番好きな教科になったのは、気候や土や資源を知ることで、この世界の理《ことわり》がちょっとわかった気になったからです。自分が見ている景色や食べているものの「なぜ」が理解できるのは、楽しいものです。

本書では、世界の家庭で出会った料理を入り口に、地理や歴史や宗教や政治にも話を広げます。みなさんにとって、この本が世界への興味のきっかけになればうれしいです。

目次

第1章 食と政治

ブルガリア ヨーグルトは本当に「伝統食」か？ 10
メキシコ アメリカナイズされるタコス 22
ベトナム 元技能実習生たちが作る精進料理 32
スーダン パンの普及が生活を揺るがす 49
コラム1 おみやげに喜ばれる日本のお菓子は？ 60

第2章 食と宗教

イスラエル マクドナルドにチーズバーガーがない——食べ合わせの謎に迫る 67
インド 世界一厳しい？ ジャイナ教の菜食と生命観 79

コラム2 機内食に見るフード・ダイバーシティ 92

第3章 食と地球環境

ボツワナ アフリカの大地で出会った、タンパク質危機を救う最強の魚 103

メキシコ アボカド人気が大地を渇かす 115

コラム3 世界のサバ缶30種を食べ比べてみた 128

第4章 食の創造性

フィンランド パンケーキ作りに透けて見える子ども中心教育 137

ベトナム 代替肉のルーツを探して寺の台所へ 154

第5章 食料生産

キューバ 食料配給制が残るオーガニック農業先進国 169
中国・上海 安心して食べられる野菜を求めて 182
ボツワナ 牛肉大国でなぜ虫を食べるのか？ 195
コラム4 卵大国の日本、なぜ卵はずっと安いのか？ 205

第6章 伝統食と課題

モルドバ 自家製ワイン文化とアルコール問題 213
中華文化圏 進化する月餅と増える廃棄 222
コラム5 ラマダンの時期、世界の食欲は増す 231

第7章 食と気候

ウズベキスタン 日本の野菜は水っぽい? 237
コロンビア 豊富な気候帯が生み出す一杯のスープ 251
コラム6 世界の家庭の朝食はパンとシリアル化が進む 263

第8章 食と民族

パレスチナ 国境よりも堅いオリーブの木と自家製オリーブ漬けの誇り 271
ヨルダン シリア難民がもたらした食文化 286

おわりに 300

参考文献 311

メキシコ
キューバ
コロンビア

この本に出てくる国・地域

第1章 食と政治

ブルガリア ヨーグルトは本当に「伝統食」か？

ブルガリアと聞いて、何を思い浮かべるだろうか。

私は全国の小中学校で出張授業をしたり大人向けの講演をしたりするのだが、この質問をすると、小学2年生でも70歳でも9割以上の方が「ヨーグルト！」と同じ回答をする。それくらい日本人にとって「ブルガリア＝ヨーグルト」のイメージは強い。

では、ブルガリアは本当にヨーグルトの国なのだろうか？　特定の商品によってできあがった私たちのイメージは、正しいのだろうか？　現地の台所を訪れてみた。

◆食卓の主役はヨーグルトスープ

首都ソフィアから、2時間のドライブ。現地を訪れたのは夏だったので、道中ひまわり畑が黄色いじゅうたんのように広がっていて、気分が上がった。このひまわりは搾油用。ブルガリアの台所ではひまわり油が多用される。

たどり着いたのはカザンラクという街。日本の昭和の団地を思わせるような集合住宅の一室のドアを叩くと、この家のマルギーさんがまさにひまわりのような笑顔で迎えてくれた。青いワンピースが似合う70歳くらいのふくよかな女性で、お兄さんのステファンと二人で暮らしている。

到着したのは14時過ぎ。二人は昼食を食べずに待っていてくれた。「お昼ご飯の支度をしよう」。そう言ってマルギーが冷蔵庫から取り出したのは、ヨーグルトときゅうり。えっと驚くこの食材の組み合わせで作るのは、ヨーグルトスープ「タラトール」だ。

きゅうりをみじん切りにし、くるみを砕き、さわやかな香草ディルを刻んだのをひとつかみ。そこに400グラムのヨーグルトのパックを丸ごと投入し、水を加えて固さを調整する。最後に塩、ひまわり油、それからつぶしたにんにくを加えてさっとまぜ、味をととのえる。氷を入れて冷やし、器に注いで完成だ。慣れた手つきで、ものの10分ほどで作り上げてしまった。

食卓の主役はこのタラトール。パンと、それからショプスカサラダ（トマト・きゅうり・チーズをまぜてレモンをひと搾り）を添えて昼食だ。タラトールは、さわやかな酸味ににんにくのガツンとした風味が効いていて、するすると飲むように食べられてしまう。「暑い夏の日はタラトール。冬は肉や豆の煮込みをよく食べるけれど、夏は食も進まないからもっぱらこのスープやサラダだよ」と教えてくれた。その言葉の通り、7月のブルガリア滞在中は、どの家庭に行っても毎日のようにタラトール。ヨーグルトが、デザートや朝食だけのアイテムではなく、食事の主役となっているのだ。

◆ブルガリアのヨーグルト事情

そんなブルガリアでは、人々はヨーグルトをいったいどれくらい食べているのだろうか？　ひょっとして、日本生まれの商品から日本人が勝手に「ブルガリア＝ヨーグルト」というイメージを作り上げているだけで、実は大して食べていなかったりしないだろうか。確かめるために、首都ソフィアにて、現地の方の買い物についてスーパーに行ってみた。

乳製品コーナーに行くと、目に入ったのは壁一面のヨーグルト。写真のヨーグルトは一人分のカップに見えるけれど、４００グラムのファミリーサイズだ。ローカル企業各社の

タラトールの食卓につくマルギーさんと兄・ステファンさん。

スーパーの壁にはヨーグルトがぎっしり。ひとつ400グラム。

図1　世界の生乳生産量上位国・地域(2021年)

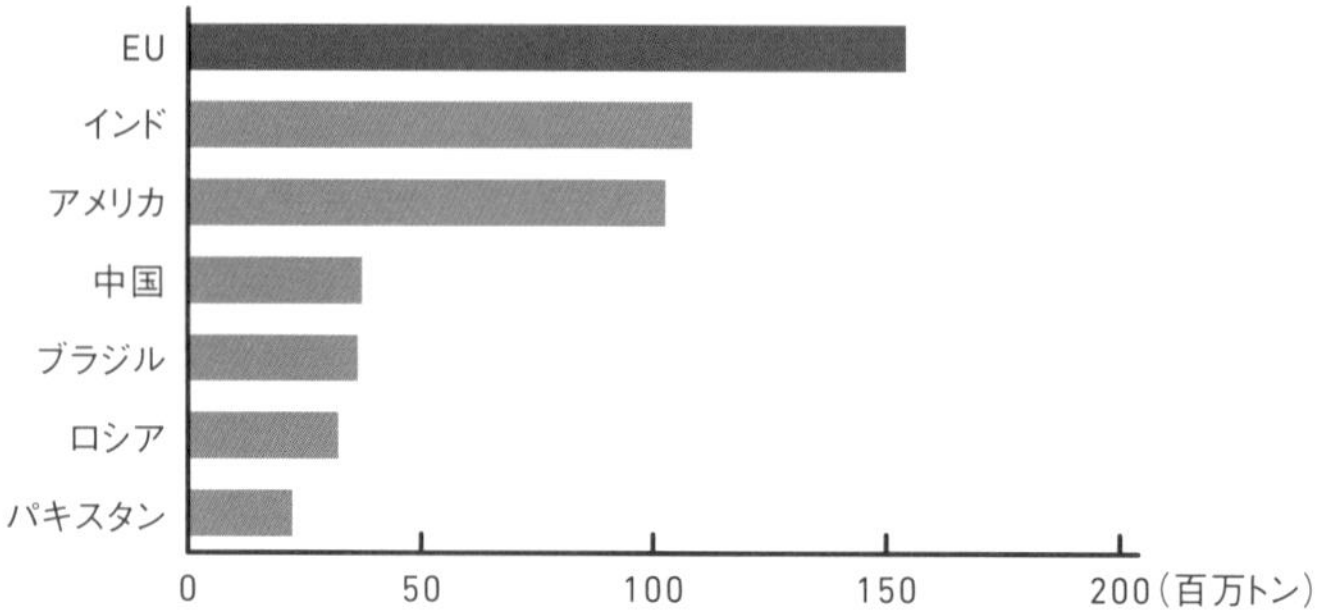

FAOSTATより筆者作成
生乳は牛乳のみ

パッケージが並び、日々の生活にヨーグルトが欠かせないものになっていることを感じる。

一番多いのは牛乳で作られたヨーグルトだけれど、ヤギや水牛の乳で作られたものもある。「せっかくだから」といくつか選んで買ってくれたものを食べ比べると、ヤギのものは独特のにおいと酸味があり、水牛のものは脂肪分が多く濃厚な味わい。いろいろな味わいがあっておもしろい。「どのヨーグルトが一番好き?」と尋ねると、「料理に使うなら断然牛のが使いやすいけれど、そのまま食べるなら水牛かな。濃くておいしい」と教えてくれた。

ブルガリア人のヨーグルト消費量を数字で見てみると、一人あたり年間29キロ。[*1]日本人は約8〜10キロとされているので、[*2]約3倍も食べていることがわかる。

供給側の事情を見てみよう。世界の生乳はヨーロッパで多く生産されている（図1）。これには乳牛は暑さに弱く、また放牧で飼育する場合には豊富な草地のある土地が向くという事情がある。余談だが、かつてブルガリアは牛乳より羊乳の生産量のほうが多かった。羊は、エーゲ海までの大規模な移牧に向いており、また羊肉・羊乳・毛皮・羊毛と、生活に必要なあらゆるものを与えてくれるからだ。しかし、木綿や化学繊維が普及する中で毛皮と羊毛は著しく需要が低下し、羊肉や羊乳もくせがあるため好まれなくなっていった。代わって台頭したのが牛。羊よりはるかに搾乳量が多くて安く生産でき、大規模で集約的な酪農に向いていたのだ。酪農が商業的になるにつれて、家畜も変化したといえるだろう。[*3]

そういった変化はありつつも、酪農は依然として土地に馴染んだ重要な産業。冷涼な気候を有したブルガリアは、本当にヨーグルトの国だったのだ。

◆消費を激減させた歴史的出来事

ところが、歴史を遡ってヨーグルト事情を見てみると、ちょっと違った一面が見えてくる。図2を見ると、ヨーグルト消費量はあるとき一気に減少しているのだ。たった数年で半分以下にまで急減しているのは、「食の多様化」「嗜好の変化」という言葉で片付けるに

図2

ブルガリアの1日あたりヨーグルト消費量

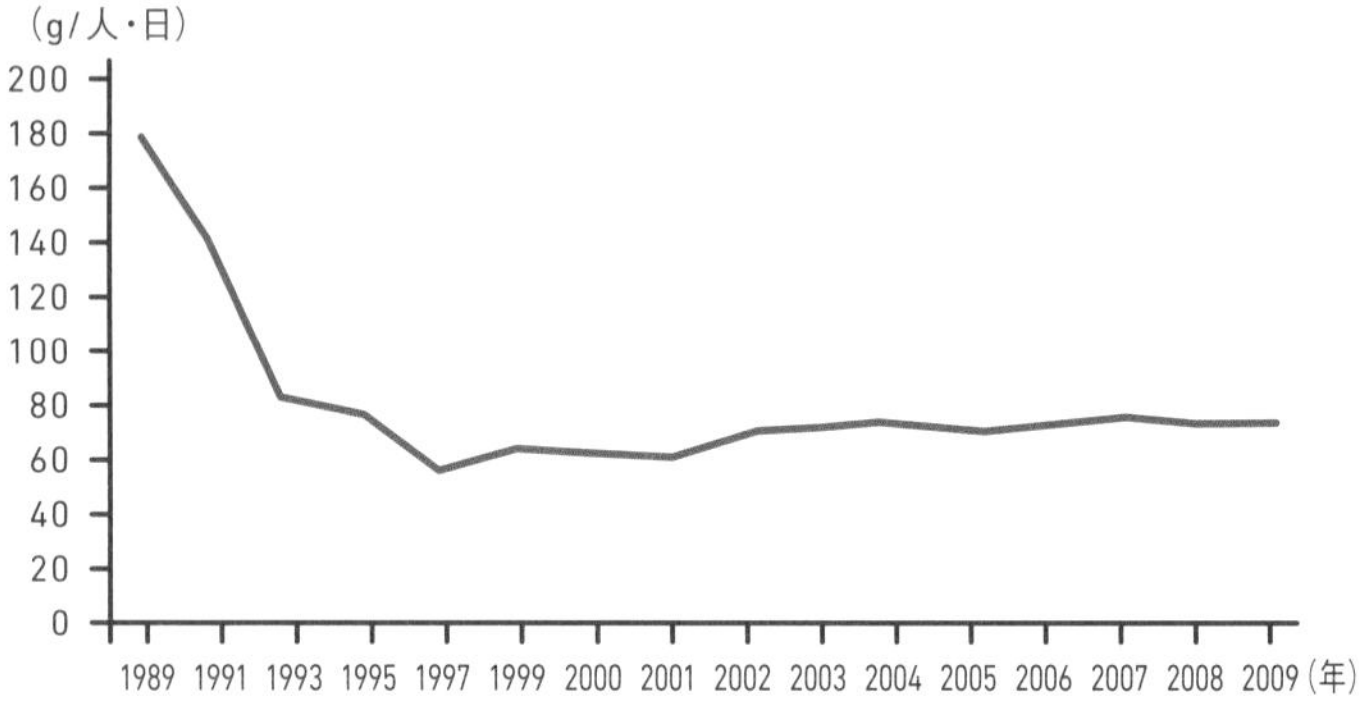

『ヨーグルトとブルガリア 生成された言説とその展開』(マリア・ヨトヴァ著)より筆者作成
データ元:Republic of Bulgaria National Statistical Institute

図3

食物のエネルギー変換効率

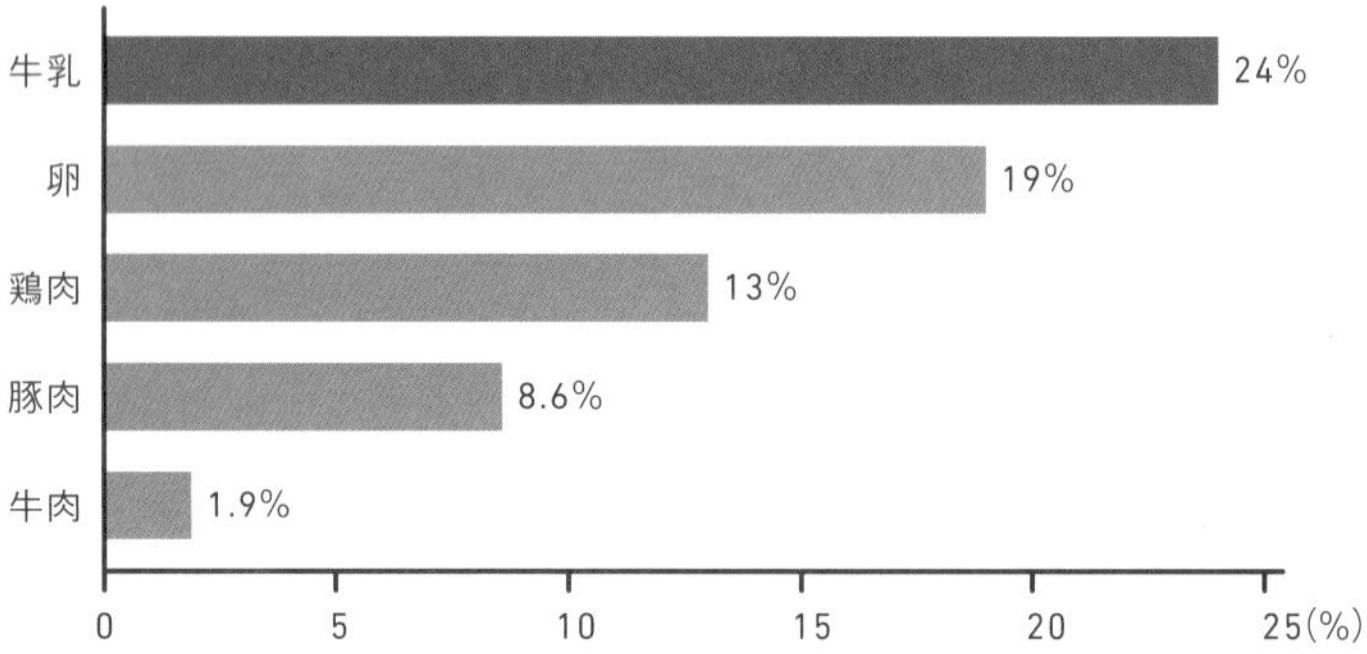

Alexander et al.(2016)*4より筆者作成

はあまりに急激すぎる変化だ。いったい何が起こったのだろうか？

ヒントは、このグラフの年号にある。１９９１年というのは、世界を大きく変える出来事が起こった年として重要な年である。

そう、ソビエト連邦の崩壊だ。

全盛期のソ連は東ヨーロッパの広い地域に勢力を及ぼせ、各国に共産党政権を誕生させて自らの経済圏に取り込んでいた。そのソ連が崩壊したことは、周辺の国々の食事を大きく変えることでもあった。

◆ソ連時代に多く食べられていた理由

ソ連の時代、ブルガリアも他の東欧諸国と同様に、社会主義に基づく政治が行われていた。現在世界に普及している資本主義というのは、「がんばった人がより豊かになれる」という競争原理が基本だが、社会主義というのは「利益をみんなで分配して平等に豊かになろう」という考え方。その食料政策において重要なことは、「多様な選択肢があって、お金があればいろいろなものが食べられる」ことではなく、「すべての国民が平等に栄養のあるものを食べられる」ことなのだ。効率よくベーシックな栄養を皆に供給することが最重要で、バリエーションやグルメは重視されない。

では、効率のよい食料とはなんだろうか？　与えた飼料に対する生産物のエネルギー変換効率を示したのが、図3だ。これを見ると、100キロカロリーの餌を与えた場合、牛乳だったら24キロカロリー分が生産できるところ、牛肉だと1・9キロカロリー分しかできないということがわかる。12分の1以下だ。肉類、特に牛肉の生産というのは、その何倍ものエネルギーを穀物飼料等の形で必要とするものなのだ。生産効率という観点で見ると、タンパク源としての牛乳の優秀さが目を引く。

そういった合理性に加えて、国営企業のもとでの大規模生産や流通の合理化などもあって、牛乳から作られるヨーグルトは社会主義政権のもとで重要な食料と位置付けられ、生産・消費が奨励された。通産省からは飲食店で肉料理を提供しない日を設けて代わりに乳製品や魚を使うよう通達があり、ヨーグルトは健康的な完全栄養食だというプロパガンダとともに、消費が推進されたのだそうだ。[*5]

1980年代には、ブルガリアの一人あたりヨーグルト消費量は世界一に。伝統的な食事という顔も持ちつつ、人民食として政治的に強化されていったのだ。ちなみに国旗カラー（白・緑・赤）でブルガリアの代表的な料理とされるショプスカサラダも、この時代に観光資源として政府によって開発されたものなのだそうだ。[*6]

◆なぜ消費量は急減したのか？

ソ連が自国を中心とした社会主義経済圏を築いていたことは、先述の通り。したがって、ソ連を中心としたそのシステムが崩壊することは、ソ連のみならずその周りの国々にも大きな影響を及ぼすことを意味する。ブルガリアもそれらの国の一つだった。

社会主義の時代は国の管理のもと集団農場（コルホーズ）で効率的な酪農が行われていたのが、ソ連の崩壊とともにそれも解体。牛数頭しか持たない小規模酪農家に分散したことで、生産量は一気に落ち込んだ。生乳を供給できなくなったことが、ヨーグルト消費量急減の原因だったのだ。その他、国家が以前のように基本食品に対する価格統制を行えなくなったことなど、複数の政治的要因も関連している。[*5] 政治が変わると食が変わる。ソ連崩壊後の10年間はとにかく食料が乏しかったと、ブルガリアの人たちは語る。遠い昔の出来事ではなく、私と同じくらいの30歳代の人たちがその時代を経験していて、重たい声で語るのだ。

その後食料事情は改善。ただし食料生産が資本主義化し、またＥＵに加盟してその衛生基準を満たさなければいけなくなったことなどにより、工業的に生産される粗悪品も増加した。

「社会主義の時代は、今ほどヨーグルトのバリエーションはなかった。その代わり国が管理する基準のもとで作られた、本物のヨーグルトだった。今は利益を追求するようになり、粉乳から作られたヨーグルトなんかもあったりして、品質もまちまち。店にずらっと並んだヨーグルト棚を前に、本物のヨーグルトはどれ？　と尋ねる人もいるんだよ」という話を聞いた。

◆ブルガリアのヨーグルトは〝政治的に強化された人民食〟だった

「ブルガリアの人たちは本当にヨーグルトを食べているのだろうか？」という疑問を深掘りしてみたら、実は想像していたような由緒正しい伝統食ではなく、政治的に強化された人民食としての側面があることが見えてきた。確かに土地や気候に育まれた面もあるけれど、社会主義時代の政権が別の食料政策をとっていたら、あるいは時の政権が資本主義だったら、ヨーグルトはここまで重要な食物になってはいなかっただろう。

ヨーグルトに限らず、「伝統食」と思っていたものが実は政治や企業の活動によって作られたイメージであることは、ほんとうによくある。「日本人の主食は米」という話だって、芋や雑穀を含めさまざまな炭水化物を各地で主食としていたところを、飛鳥時代以降、米による税金徴収などで国の統一を図る中で生まれてきたものだ。庶民が今のように米を食べられるようになったのなど明治時代以降で、たかだか100年しかない。

私たちは、自分が生まれる前からあることを〝伝統〟〝昔ながら〟と言いがちだけれど、昔から不変と思っているものこそあやしい。だからこそ食から歴史を遡ると、発見が多くておもしろいのだ。

メキシコ

アメリカナイズされるタコス

メキシコの食といえば、思い浮かぶのはタコスではないだろうか。皮に具材をはさんで食べる、メキシコの軽食だ。首都メキシコシティの大通りを歩くと、朝からタコス屋台が軒を連ねる。朝はチョリソーなどを使った朝向きのタコスが、夜はケバブのように焼いた肉をはさむ夜向きのタコスなどがあり、一日中タコスを注文する人の姿が絶えない。肉がたっぷり入ってそれなりに高カロリーだが、灼熱の太陽の下でかぶりつく肉汁の滴るタコスの魅力は、抗いようがない。

私がタコスに魅せられたのは、日本でメキシコ人の方が作ってくれたタコスを食べた時。肉と玉ねぎを炒めたシンプルなものだったのだが、なんと言っても皮の風味が素晴らしくて、感激した。それまでの人生でもタコスを食べたことがあったけれど、こんなに香ばしくて噛むほどにおいしい皮ははじめて。皮のことを「トルティーヤ」と呼ぶのも、その皮がとうもろこし粉でできていることも、この時教えてもらって知った。このトルティーヤに魅せられて、メキシコに飛んだ。

トルティーヤはとうもろこし粉から作る薄焼きのパンで、穀類らしく素朴で香ばしい味わいが特徴だ。首都メキシコシティの街角には至る所にパン屋のようにトルティーヤ屋があり、ベルトコンベアのような機械で次々と焼かれては1キロ100円以下の値段で売られている。はじめて食べた時は興奮も相まっておいしく感じたけれど、田舎で手焼きのトルティーヤに出会ってしまったら、街の機械焼きのはもはや紙のように思えてきてしまった。その違いは、とうもろこしの品種、ガス火か薪《まき》火か、加工時に添加する水酸化カルシウムの量、など。薪火に陶板をのせて手焼きするトルティーヤは、もうこれだけ食べていたいと思うくらい香りが素晴らしくて、噛むほどに甘くて、息をするのももったいないくらいなのだ。

ちなみに日本でタコスを出すお店に行っても、とうもろこし粉でできたトルティーヤ自体になかなか出会えない。多くの場合「とうもろこし皮のパリパリトルティーヤ」か「小麦皮のもちもちトルティーヤ」のどちらかだが、いずれもメキシコではなくアメリカで主流のもの。日本のメキシコ料理はアメリカから持ち込まれたため、アメリカのテキサス州で発展した「TEX-MEX（テックス・メックス）」スタイル（図4）が広まっているのだ。

◆とうもろこしはメキシコの礎

トルティーヤの原料であるとうもろこしは、メキシコにとって特別な作物だ。原産地は明確にはわかっていないものの、メキシコを含む中南米地域とされ、紀元前からこの地域で食されてきた。メキシコは高度な古代文明の栄えた土地でもあり、マヤ文明やアステカ文明の遺跡からもとうもろこし栽培の痕跡が見つかっている。また神話の世界でも、マヤの創世神話「ポポル・ヴフ」では、人間はとうもろこしから作られたとされているという[*7]のだから、とうもろこしなくしてメキシコ人は存在し得ないと言っていい。この地域の生活にも文明発展にも欠かせない役割を果たした上、スペイン植民地支配の時代を経て独立を果たした後には国民統合の象徴としても利用された[*8]というから、単なる食糧を超えてもはやアイデンティティの中心であり、文化的・政治的にも重要な作物だといえる。ブラジルやアルゼンチンといった「後からとうもろこしが持ち込まれて商業作物として栽培している」国と比べても、その思い入れはひときわだろう。

実際現地の家庭に滞在していると、ほとんど毎食とうもろこしのトルティーヤは食卓に上る。「街中で売っているタコスはファストフードみたいなものだから月に数回食べる程度だけど、トルティーヤは毎日毎食必ずなくちゃいけない。パンみたいなものかな」と言っ

図4

タコスの種類

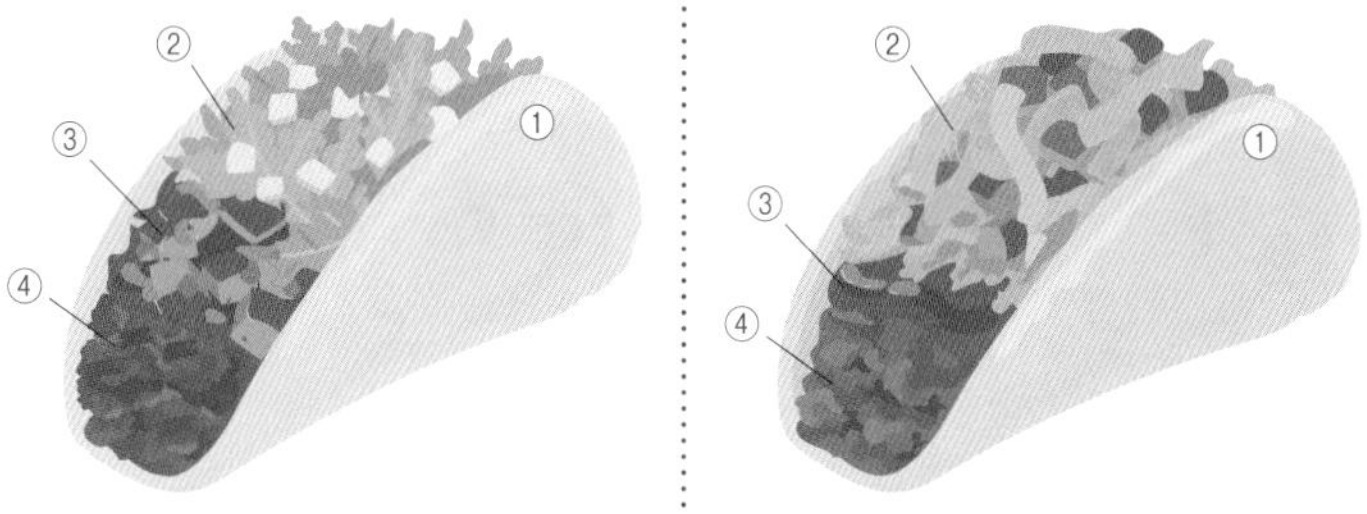

メキシカンタコス		TEX-MEX(アメリカン)タコス
柔らかいとうもろこしの皮	①	硬いとうもろこしの皮または柔らかい小麦粉の皮
コリアンダーと玉ねぎ	②	レタス、トマト、チェダーチーズ
トマトやチリで作る自家製サルサ	③	トマトベースの市販タコソース
塊肉を焼いたり煮込んだりしたもの	④	ひき肉にタコスシーズニングで味付け

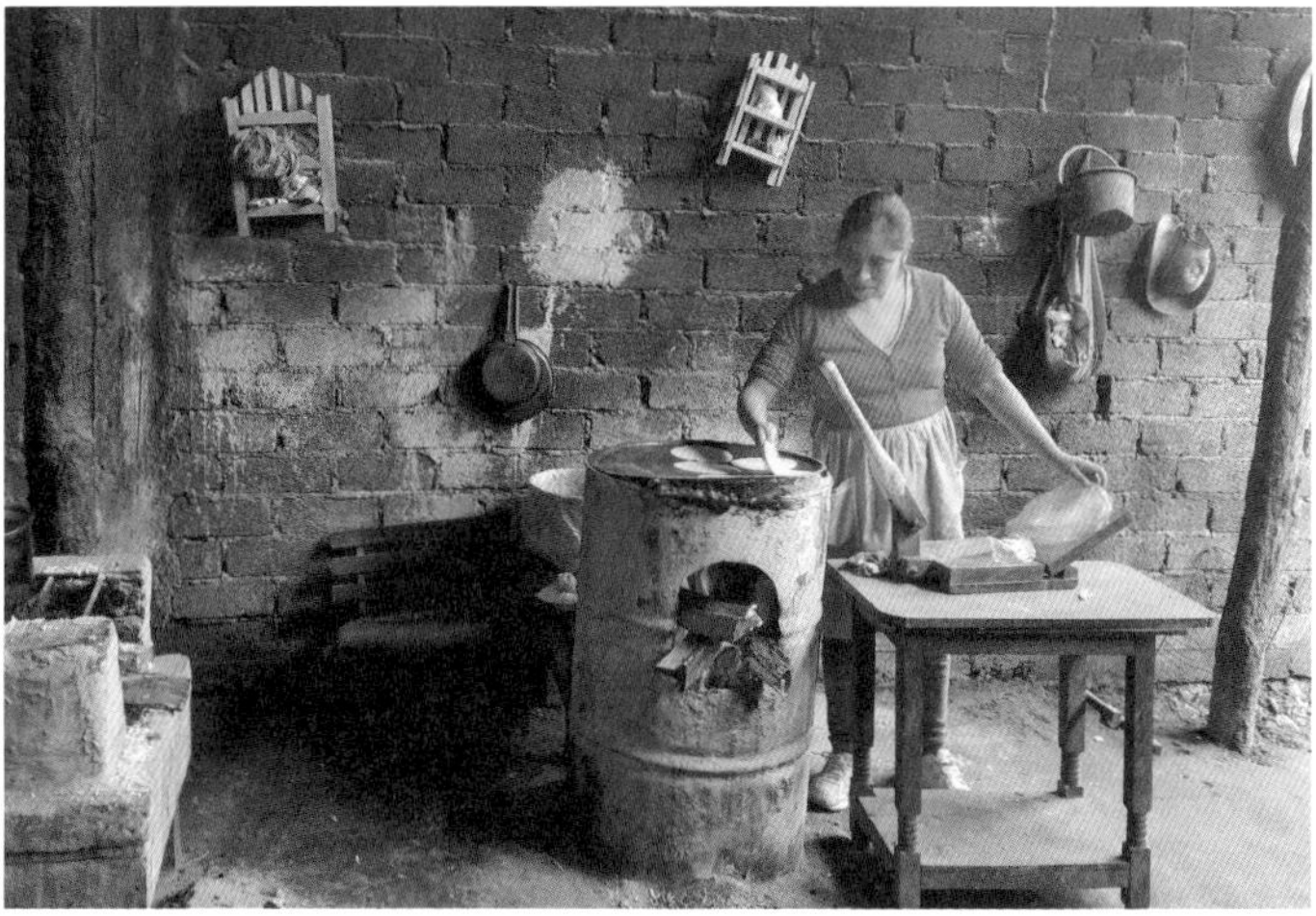

薪火で手焼きするトルティーヤ。焼き立ては香りも格別。

ては、毎朝1キロのトルティーヤの束をトルティーヤ屋で買ってきていた。
しかし、その重要な主食トルティーヤの原料であるとうもろこしをめぐって、静かな問題が起きている。

◆産地はメキシコの外へ

一つは、国外依存。図5は、メキシコのとうもろこし生産量と輸入量の推移を示したものである。1961年から2019年までの約60年間で、生産量は約4倍になったが、その間に輸入量は数百倍にも増えた。最大の輸入先はアメリカで、2018～19年には輸入量全体の96パーセントを占めている。

アメリカから輸入されるとうもろこしの9割以上は黄色い飼料用のとうもろこしで、メキシコで食用とされる白いとうもろこしは数パーセントにとどまるということになっているけれど、実際街のトルティーヤ屋でトルティーヤを買うと、店によっては黄色いものがある。「黄色いのは、加工の時に水酸化カルシウムを入れすぎたかアメリカ産。どちらにしてもおいしくない」と滞在先の家族はため息まじりに教えてくれた。離れて暮らす母の家の近所には黄色いトルティーヤしか売っていないから、会いに行く時は白いのを買って持って行くのだという。

図5　メキシコのとうもろこし生産量・輸入量

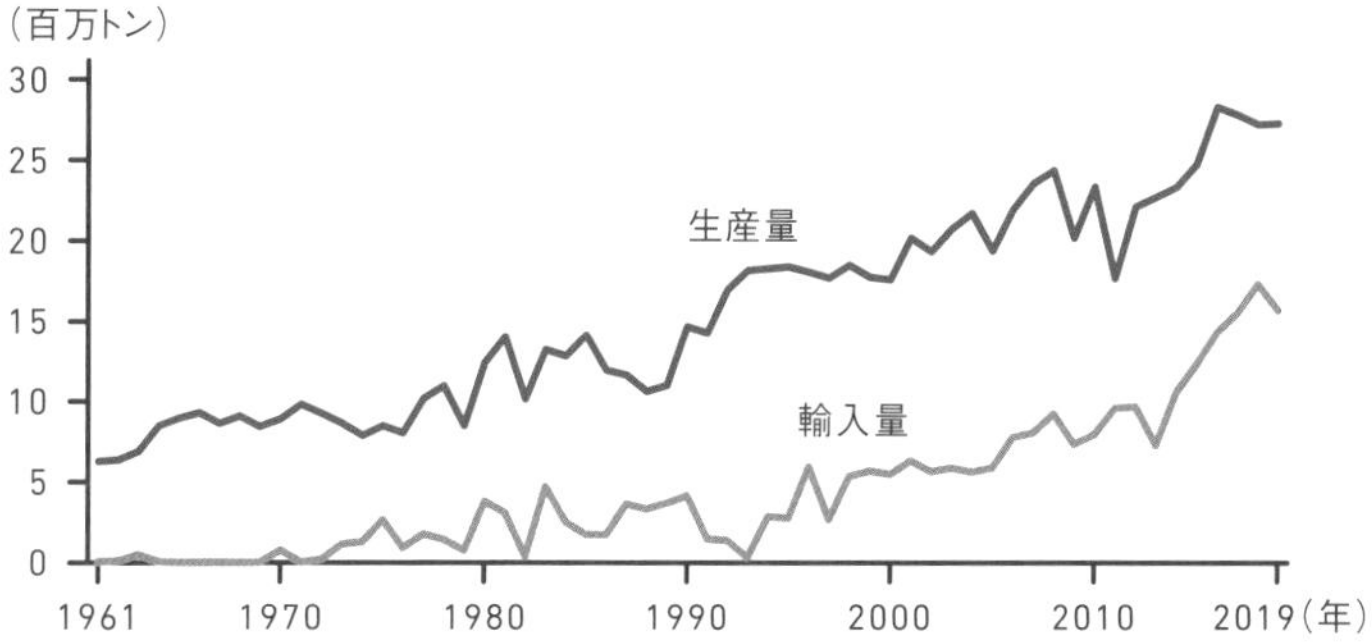

FAOSTAT Food Balancesより筆者作成

黄色いトルティーヤ。これが正しい色だとずっと思っていた。

◆輸入とうもろこし混入への不信感

しかし、単に主食の生産を他国に依存するだけならば、良好な国際関係と経済力を保っていれば問題は起こらないはず。より深刻なのは二つ目の問題で、輸入により食の安心と安全が脅かされているという点だ。

冒頭に述べた通り、メキシコにとってのとうもろこしは、日本の米と同じかそれ以上に重要な作物だ。それゆえに栽培に関しても厳しい規制があり、遺伝子組換え（GM）品種の栽培は一切禁止されており、発がん性が疑われる除草剤グリホサートも使用が認められていない。一方アメリカ産の輸入とうもろこしは、その9割がGM品種とされており、グリホサートも検出されるという。

アメリカ産とうもろこしはほとんどが飼料および工業用として輸入されており、人間が直接食用にするものについてはほぼメキシコ国内で自給されていることになっている。しかし人々の語る話は先述の通り。街で食べるトルティーヤがすべて国産とうもろこしで作られているのかは、ややあやしい。メキシコ国立自治大学の研究チームが2017年に行った調査[*9]では、メキシコに流通するトルティーヤの90・4パーセントからGMとうもろこしが検出された。メキシコ国内では伝統品種の栽培が奨励されていて、GMとうもろこしの栽培は一切禁止されたというのにだ。メキシコ国内で生産されたとうもろこしだけを人間の食用に使っていたら、遺伝子組換え品の混入する余地などないのに、この状況をどう説明したらよいのか。

またこの調査では、田舎と都会を比べると、都会の工業的トルティーヤの方が混入率が高かったとも述べている。メキシコ産在来とうもろこしだけを使っていたらありえないはずの数字について、研究チームは「輸入されたGMとうもろこしがトルティーヤ粉（加工食品）の原料として使われている」「輸入されたGMとうもろこしが国内栽培用の種子として使用されている」の二つの可能性を考察している。

メキシコで出会った人たちが、「トルティーヤ屋に積まれているとうもろこしの袋はほとんどアメリカ産、GMとうもろこしだ」と腹立たしそうに言っていたのが記憶に残っている。中には思い込みも混じっているかもしれないが、実際調査でも検出されている。「在来とうもろこしにはなかなか出会えない」という話はよく耳にしたし、在来とうもろこしを使っている店はそれを売りにするくらいだから、根も葉もないことではないのだろう。とにかくそのような噂が流れ、とうもろこし品質に不信感を持っているというのは現実なのだ。

◆貿易で変わる食の風景

では、一体何がきっかけでアメリカからのとうもろこし輸入が増加したのだろうか。最大の要因は、1994年のNAFTA（北米自由貿易協定）の発効だ。アメリカ政府の強い圧力で輸出が開始され、メキシコ国内需要も満たされるようになったのだが、一方で地元農家の困窮や在来とうもろこしの汚染が問題になってきた。ちなみに、輸入されるGMとうもろこしは、アメリカのバイオ化学企業モンサントのタネのもの。現在は買収されてドイツのバイエルになっているけれど、メキシコで出会った人たちは、依然悪評高いこの名で呼んでいた。メキシコの在来品種に比べて収量が多い等のメリットがあるものの、安全性への不安と文化的アイデンティティから抵抗は大きい。そしてより厄介なのは、もしもメキシコの畑で栽培されると在来種との交雑が避けられず、古くからの品種を守ることができなくなるという点だ。

そんな中、2020年末にメキシコ政府は「2024年までにアメリカからの食用目的のGMとうもろこしの輸入をゼロにする」と発表した。これにはメキシコ国内でも賛否がある。反対派の意見としては、「国内の需要がまかなえない」というものの他に、「GMとうもろこしは収量が多く、干ばつに強い」という点がある。メキシコでは近年気象災害に見舞われていることもあり、気候変動の影響も考慮し、ＧＭとうもろこしのメリットを受け入れようではないかという声もある。そもそも遺伝子組換え作物は、人体および環境への影響が入念に検査された上で認可されており、それでもわかっていない未知のリスクのために「安全とはまだ言えない」と敬遠されるだけで「危険」と断定できるわけではないのだ。政治的理想と農業の現実の間のどこで、バランスをとるのか。

◆「メキシカンタコス」の未来

メキシカンタコスは、紀元前からの歴史を包み込んだ誇らしい伝統食だ。

到着したばかりの夜は、「アメリカのＴＥＸ－ＭＥＸタコスもいいけれど、やっぱりとうもろこしでできたメキシカンタコスが最高だね！」とうれしくて仕方なかった。しかし街のタコス屋では多くの人が左手にコカコーラの瓶を握っていて、右手に持ったタコスの皮は黄色い。とうもろこし貿易は難しい状況にあるというし、そんな現実を知るにつけ、「結局はこれもアメリカ産かもしれないのか」と複雑な気持ちになる。

ベトナム

元技能実習生たちが作る精進料理

あまりイメージがないかもしれないが、ベトナムは仏教信仰が強い国だ。若い人でも「週末はお寺に行く」という人が少なからずいる。そんなベトナムの方々が拠り所にする寺が日本にもあり、その一つが埼玉県本庄市の大恩寺だ。

最寄りの在来線駅から徒歩50分ほど。坂道を登っていった先にその寺はある。「越南山大恩寺」と書かれた石碑のそばを通って中に入ると、「受付」も「靴を脱いでお入りください」もベトナム語。境内には「ナンモーアージーダファッ」とベトナム語のお経が響き渡る。ここはどこだっけと一瞬わからなくなった。

この寺は2018年に開かれ、ベトナム尼僧のティック・タム・チー師が住職を務める。「ベトナム寺院」以外にこの寺を説明する言葉が、「駆け込み寺」。技能実習生などさまざまな理由で行き場をなくした人が身を寄せ、共同生活する場になっているのだ。

この寺の存在を私が知ったのは、2021年春のこと。在日ベトナム人の支援をタム・チー師とともにしている吉水岳彦《よしみずがくげん》僧侶に連れて行っていただいた。新型コロナウイルス感

埼玉県にある大恩寺。別名「駆け込み寺」。

染症拡大下で海外に行けない中、日本に住む外国人の方の台所事情に、自分の関心が向いていた折だった。

聞けばこの寺にはベトナムの人たちが生活していて、その台所ではベトナムの精進料理が作られているのだという。ベトナムの精進料理って、一体どんなものだろう。その台所にはどんな生活があるのだろう。興味が膨らんでいった。はじめて訪れた際に、タム・チー師より「お盆はにぎやかだよ。泊まりでいらっしゃい！」というありがたい誘いをいただき、8月に再訪。お盆の支度を手伝いながら、日常の料理をともにさせてもらった。

◆外に拡張した台所

寺に着くと、ベトナム語が飛び交い、作務衣《さむえ》のようなゆったりした服を着た若者たちが忙しく動き回っている。「よく来たね！」と太陽のような笑顔でタム・チー師が迎えてくれた。

彼女と二人のお弟子さん以外は、この寺に身を寄せる若者たち。20人ほどいるうちの大半は、元技能実習生だ。若者たちが、一人二人と身を寄せてきて、コロナ禍真っ只中の2020年後半には80人の大所帯になったわけだが、もともと寺の建物は、大勢の人が生活する想定で建てられてはいない。寝る場所もなければ、食べる場所も足りない。そこで本堂に増築を重ねて拡張し、風呂場や居室など生活のための空間を作っていった。

台所は、当初作ったシステムキッチンだけでは足りなくなり、さらに建物の外にも広がっていったのだという。東南アジアを思わせる土間のような屋外の台所で、みんなの生活を支える食事が生み出されている。

◆いつも誰かが台所で働いている

寺の朝は早い。朝6時前には起きて、本堂に広げた布団を上げて、境内の掃除をする。

家の外に広がった台所。アジアのどこかの村のよう。

地面にしゃがんで青菜を刻む。ここは洗い場にもなっている。

7時には本堂で読経があり、それが終わると三々五々朝食をとる。朝食後も、畑仕事をしたり掃除をしたりとやることは何かとあるのだが、入れ替わり立ち替わりずっと誰かが台所にいる。

土間のようになった流しのところでは、床にしゃがみ込んで野菜を洗う人と皿洗いをする人がいる。奥の方に据えられた業務用ガスコンロでは、誰かが炒め物を作っている。風通しのいい位置に置かれた長テーブルでは、遅い朝食を食べる人がいる。しばらくして席が空いたと思ったら、仏壇から下げてきた果物を切りはじめる人がいる。そうすると、通りがかる人が足を止め、つまみ食いをする。

ちなみにここで生活する若者は、仏教徒でなくても寺のルールで生活する。掃除に読経、食事作りに畑仕事。お盆に向けた支度もある。何かとやることは多い。みんなずっと体を動かしていて、しかし大変そうな様子というよりも生き生きした表情をしている。私より一つ年上の男性Zさんは、姿が見えないと思うと「草むしりをしていたんだ」と汗だくになって帰ってくる。そしていつも気にかけてくれた。やさしい彼は、元々新潟の工場で働いていたけれど、コロナ禍で仕事が減って一方的に解雇され、この寺にたどり着いたという。

◆この寺だけで生まれる日常料理

午後になるとなんとなく誰かが夕食の支度をはじめ、18時頃になると長机におかずが並び、人々が集ってくる。この日の夕食は、青菜炒めに青菜の和え物、ベトナム白小ナスの漬物、それに白いご飯だ。青菜をゆでた汁は、茎の赤い色が移って美しい。流してしまうのはもったいないなあと思っていたら、塩や胡椒で味付けしてスープとして食卓に上った。テーブルに並ぶ前になくなってしまったのは、ラロットというベトナム野菜を使ったおかず。葉にあんを包んで揚げるのだが、他に似た物のない風味がくせになる。日本のベトナム料理屋ではなかなか見かけないこともあって、懐かしいのかみんなが寄ってきて、揚げ物鍋の近くでつまみ食いが相次いだ。「茨城でベトナム野菜を育てている人が寄付で送ってくれたの」とうれしそうに教えてくれた。

そんな最中にちょうど近所の団体の方がやってきて冷凍食品を寄付してくださったので、急遽冷凍春巻と鮭の切り身もおかずに加わった。冷凍食品は、イベントが中止になったために使い道が宙に浮いたのだという。肉や魚が入っているけれどいいのだろうかと思ったら、支援でいただいたものならばありがたく食べることになっているという。そうやって、さまざまな縁とタイミングで日々食事が生まれているのだ。

今日の青菜炒めは胡椒が効いた甘めの味付けで、ごはんが進む。この寺の台所の調味料で意外だったのが、顆粒昆布だしの素。あまりに日本的なので「ベトナムにもあるの？」と尋ねたら、「ないよ」と言われた。ベトナム料理は魚醬（ニョクマム）を多用し、寺の精進料理では醬油ときのこだしの素を使うけれど、日本では手に入りにくく、代用として昆布だしの素に行き着いたのだそうだ。

吉水僧侶から行事の時のベトナム精進料理の話を聞いていたから、どんな特別な料理なのだろうと想像が膨らんでいたけれど、特別ベトナムらしいわけでもない、日常のご飯という感じ。ちょっと拍子抜けしつつ、よく考えたらこれこそがこの寺らしい料理のように思えてきた。

ここで生活する彼らは、もともと僧を目指してきた人ではなく、仏教徒ですらない人もいる。働くために日本に来た若者だから、料理だって、自分が生きるための自炊レベルだ。ベーシックな料理スキルで、寄付でいただくものと安く手に入る日本の食材、そして肉や魚を避けるという制約の中で、食べ慣れた味や経験に基づいて食べ物が生まれる。名前のついたベトナム料理ではなく、手のかかった精進料理でもなく、ベトナムの文化と日本での環境との間に生まれる名のない野菜料理こそが、この寺の日常食なのだ。

茎の赤い色が移ったゆで汁は、味をととのえてスープに。青菜から二品できた。

ラロットにあんを包んで揚げる。揚げる端からなくなっていく。

◆技能実習生が寺を目指す理由

それにしても、なぜ彼らはこんな山奥の寺を目指してわざわざやってきたのか。一緒に料理をしながら、少しずつ身の上話を聞かせてもらった。

ある人は、新型コロナウイルス感染症拡大で仕事が減って一方的に解雇されたという。技能実習生の住居は、受け入れ企業が提供することになっているため、仕事を失うと住む場所も失う。そうならないよう、制度上は監理団体が仮住まいを用意することになっているのだが、現実は違ったようだ。また仕事を探そうにも実習目的と異なる業種の仕事には就けないし、仕事がないまま滞在を続けたら在留資格取り消しということになりかねない。八方塞がりだ。

受け入れ先の待遇に耐えきれなくて逃げてきた人もいる。語りたくないことを掘り返すようで詳しくは聞けなかったけれど、「お寺の生活は安心」と語るその様子には、言い表せない重みを感じた。最低賃金以下での長時間労働や、極度に過酷な労働環境など、報道されるような非人道的な事例はごく少数だと信じたい。けれどそんなさまざまな理由で「行き場をなくした」人々が現実にいて、この寺を頼ってやってくる。

図6　**在留外国人の構成比（在留資格別）**

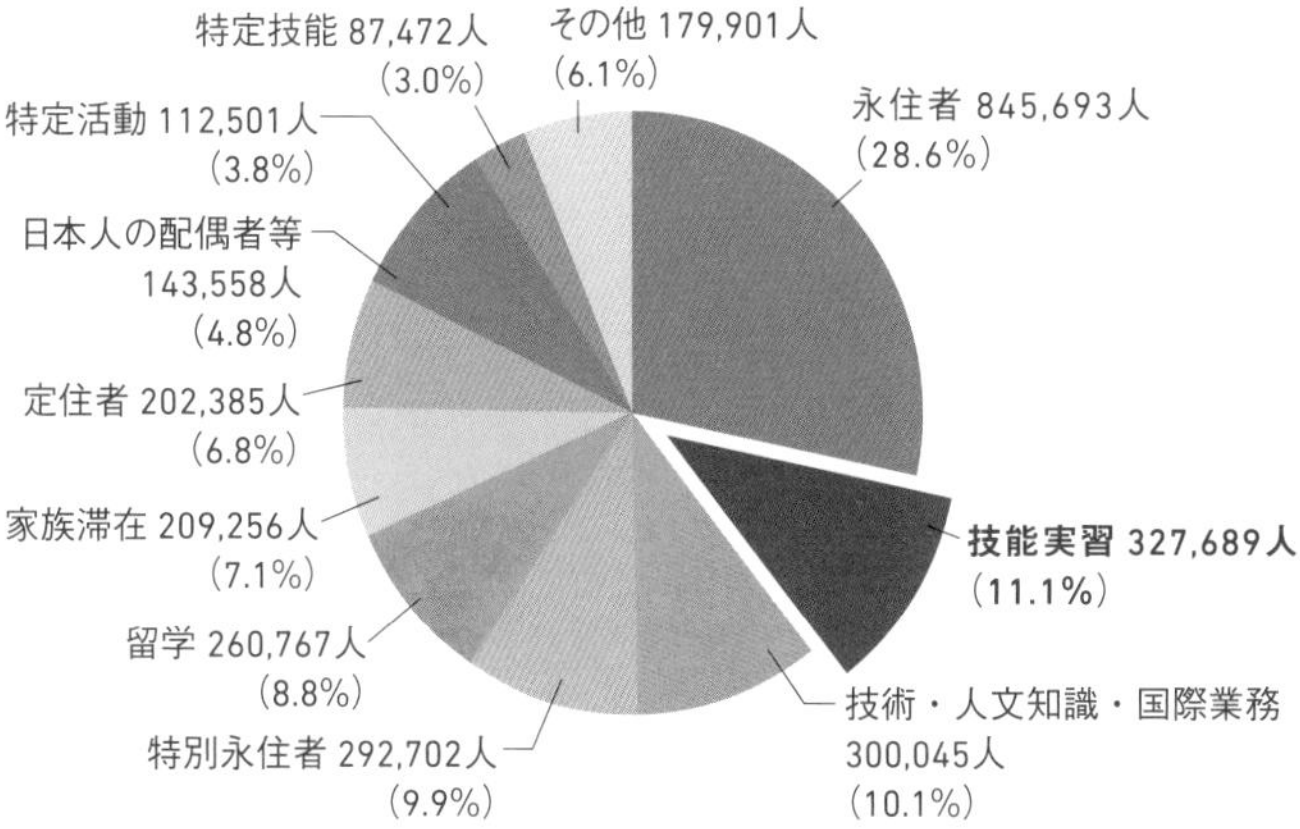

2022年6月末現在
出入国在留管理庁「令和4年6月末現在における在留外国人数について」より筆者作成

技能実習生に、一体何が起こっているのだろうか。そもそも技能実習とは、外国人労働と何が違うのだろうか。

出入国在留管理庁によると、日本に在留する外国人は２０２２年６月末で２９６万人。[*10] その在留資格を見ると、第一位が永住者で28・6パーセント、第二位が技能実習で11・1パーセントを占めている（図6）。技能実習制度は、途上国への技術移転を名目とし、国際協力のための制度として１９９３年に制度化された。最長５年日本に受け入れ、働くことを通じて技能や知識を身につけて帰ってもらうというものだが、実態としては日本国内の労働力不足を補うために使われているという批判もある。賃金が安く、単純労働。技能実習の対象職種には「農業、食品製造、建設……」など、日本人が就きたがらない仕事が並んでいる。大変な仕事を、代わりにやってくれているのだ。

その技能実習生の出身国として最も多いのが、ベトナムだ。かつては中国が多かったが、経済成長によって、大変な思いをしてまで日本に来ることの魅力が薄くなり、減少。代わりにベトナムが急進し、2016年には新規入国者数が首位になった（図7）。人数が増えるに従い、技能実習生の「失踪」や犯罪、それに受け入れ企業側の人権侵害ともいえる扱いが注目されるようになってきた。一体どうしてこのような状況が起きているのだろうか。受け入れ開始までの過程のどこに、問題があるのだろうか。

技能実習開始までには、主に3つの機関が関わる。送り出し機関、監理団体、受け入れ企業（実習実施者）だ。それぞれに重要な役割を担っているが、元技能実習生の話を聞いたり文献を読んだりすると、そのそれぞれに問題もあることが見えてくる。

送り出し機関

技能実習生の母国にあり、技能実習生の就職を日本の監理団体に取り次ぐ機関のこと。技能実習を希望する人は、現地の送り出し機関を通して準備や手続きを行う。送り出し機

図7　**技能実習生　新規入国者数（国籍・地域別）**

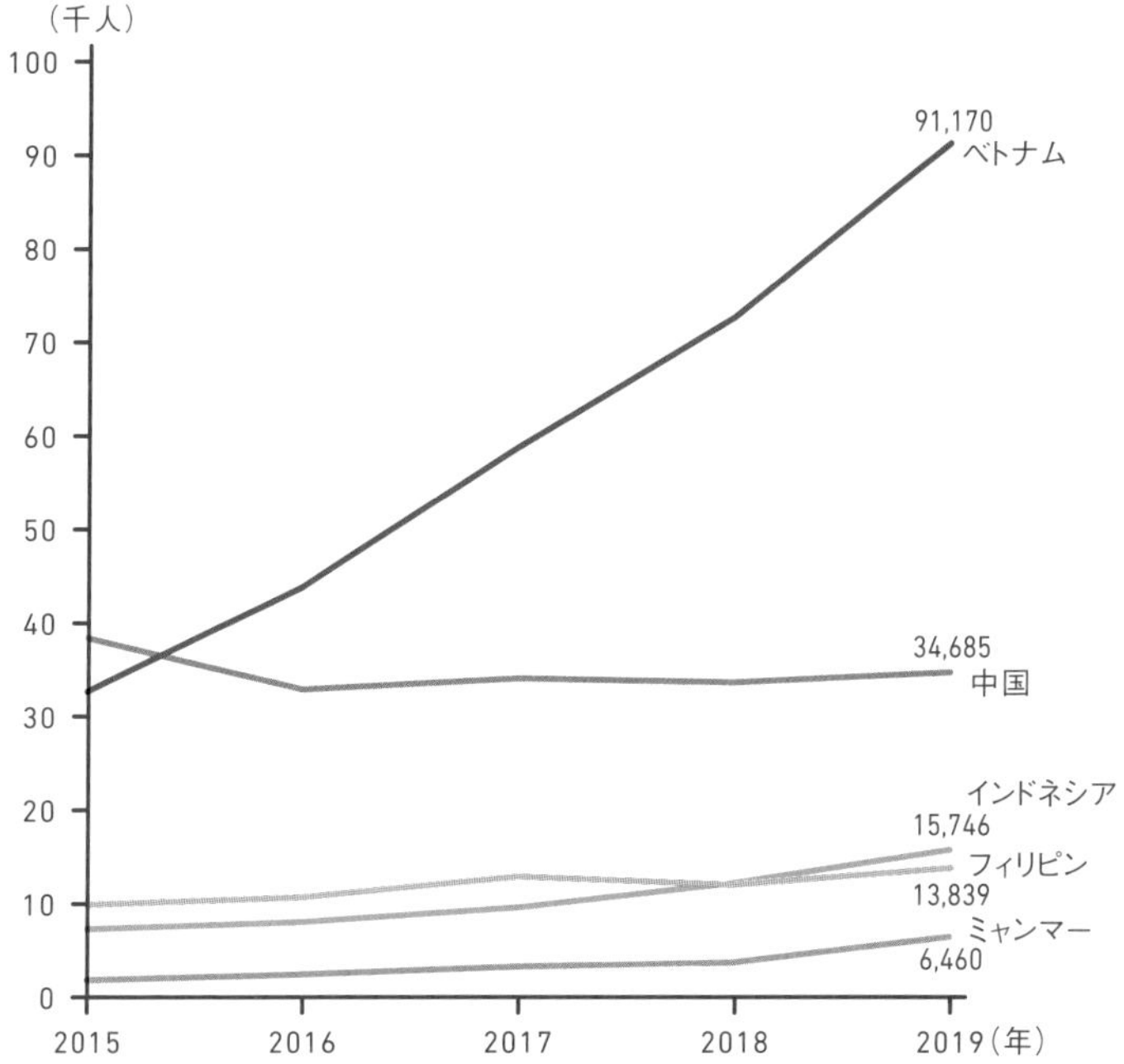

出入国在留管理庁「2020年度版 出入国在留管理」より筆者作成

関は、技能実習の趣旨を理解した上で、実習候補生を適切に見極めて送り出しをすることとされている。実習候補生が現地にいながら日本の受け入れ企業を探すことは困難であるし、日本の企業にとっても外国の候補者にコンタクトすることは難しい。そこでその橋渡し役を担い、送り出し前の日本語教育や送り出し後のサポートまでを行うのが「送り出し機関」なのだ。

しかし、この送り出し機関がまず第一の関門で、手数料などの名目で高額の支払いを求める悪質な機関も珍しくない。出入国管理庁が2022年7月に公表した調査結果では、ベトナムの技能実習生が送り出し機関に支払った金額の平均は約66万円で、来日に際して技能実習生の約55パーセントが母国で借金をしている。[*11] また、技能実習の趣旨や仕事内容を十分に伝えずに送り出す機関もあり、これが来日後のミスマッチやトラブルの原因となっている。

監理団体

日本に来ると、監理団体を通じて受け入れ企業に配属される。監理団体は、その責任と監理の下で、技能実習制度の趣旨に合致した適切な技能実習を行わせるという制度適正化の中核的役割を担う。具体的には、技能実習生の受け入れサポート、受け入れ企業での活動が適切に行われていることの監査、技能実習制度の趣旨周知などだ。許可制で非営利機関、困ったことがあれば相談を受け、実習生の身の回りのこともケアするなどメンター的な面も持つ。

しかし、中には送り出し機関と不正な契約を結んでいたり、監理業務を怠って受け入れ企業の賃金未払いや不当な待遇を看過している実態も報告されている。2022年時点で監理団体の数は3500を超えているが、このような不正行為に基づく認定取り消しは、年間9件であった。*12 実態に対して処分がされていないと見る人もある。

受け入れ企業（実習実施者）

技能実習生が最も日常的に接するのが、受け入れ企業だ。受け入れ企業は、技能実習の趣旨に則り技能の習得をさせる役割を担う。名目は不足労働力の補填ではなく技能習得であるため、「実習計画」に基づいて実習を進め、仕事と住居を提供する。技能実習生は日本人と同様の労働関連法令が適用されるため、たとえば妊娠したら産休を取ったり支援金が受け取れるなど、権利が認められている。

しかし、このような技能実習の趣旨や条件を理解せず、技能実習生を単なる安価な労働力と捉えているケースも少なくない。大恩寺の元技能実習生の話を聞いていると、過酷な長時間労働や一方的な雇い止めなど、明らかに労働基準法に違反するような話も出てくる。妊娠が発覚して寺に身を寄せたという人もいる。

制度上は、恋愛も妊娠も認められているし、妊娠した場合は、受け入れ企業に申し出れば身体的負担の軽い仕事への配置換えも希望することができるが、「妊娠したら国に送り返されるから、相談なんてできないとみんな言う」と寺のスタッフの方が教えてくれた。2021年には、強制送還への恐れから妊娠を誰にも言えず孤立出産したベトナム人技能実習生が、死産した赤ちゃんを死体遺棄したとして罪に問われた（2023年3月に最高裁で逆転無罪判決）。

2021年に政府が国会答弁で明らかにした数字では、妊娠または出産を理由とする技能実習の継続困難事例は、2017年11月から2020年12月までの3年2ヶ月間に637名に上る。[*13] また、妊娠等による不利益な扱いをした監理団体・受け入れ企業は行政処分されることになっているが、実際に雇用機会均等法違反として行政処分が行われた事例は、ない。

◆ニュースからは見えてこない世界

そういった話を聞くにつけ、思わず「ごめんね……」と言葉が漏れる。同じ社会で暮らし、日々同じ電車に乗っているかもしれない人たちが、そんな目に遭っているなんて知りもしなかった。すると彼らは「実習生の方も、問題はあるよ」と言う。いっとき話題になった、畑の作物を盗んだり子豚を窃盗した事件のことを気にしている。犯罪を犯した技能実習生のことがニュースになったため、そのことを言われることがあるのだろう。

もちろん、監理団体や受け入れ企業は、「悪い人」ばかりではない。お盆の手伝いにやってきた現役技能実習生に聞いてみると、「仕事は大変だけれど、会社の人はやさしいよ」という返事が大半でほっと胸を撫で下ろす。逆に私から見ると、現役実習生も元実習生も、みんな本当に働き者でやさしい。ベトナム語の話せない日本人の私を、いつも誰かが気にかけてくれる。窃盗や犯罪なんて、最も彼らから縁遠い言葉だ。

技能実習をめぐるトラブルがどれくらいあるのか、本当のところはわからない。大半は問題ないと言う人もいるし、みな我慢していて数字に表れるのは氷山の一角と言う人もいる。けれど現実にいるのは確かで、今の制度の下ではなくならない。個人の問題ではなく、構造的問題に由来するからだ。多額の借金を背負っているために辛くても仕事をやめられない、転職がほぼできないので受け入れ企業に抗えない、強制送還への恐れがある、などの事情によって声をあげられない状況があるのだ。その困り果てた状況に陥った人たちが、法律や制度の下ではなく、仏教という大きくて寛容な傘の下に身を寄せている。寺の存在の偉大さを感じると同時に、早くそんな必要がなくなってほしいとも思う。

　翌年、またお盆の時期に訪れた。昨年寺で生活していた人のほとんどは、もういなかった。また会えるかなと思っていたので少し残念にも思いつつ、もう寺に身を寄せず自力で生活できるようになったのかと思うとうれしかった。

　気になっていたZさんは、お盆前日の夜に現れた。寺に到着するなり私を見つけて、「ひさしぶり！」と声をかけてくれた。茨城の工場に就職したのだという。「仕事が忙しいから、なかなか来られないんだけど、お盆くらいはね」と少し照れ臭そうに話してくれた。


40〜47ページの内容に関して、旗手明氏（移住者と連帯する全国ネットワーク）にご協力いただきました。

スーダン

パンの普及が生活を揺るがす

アフリカの国々の食卓を訪れ、いつも戸惑うのが、練り粥の存在だ。とうもろこしや雑穀の粉を水に入れ、火にかけながら練ると、そばがきのような粘土状の食べ物ができあがる。味は、まずいわけではない。ただ、なかなか食べ進められない。食べつけない部類の食べ物なのと、とにかくお腹に溜まるので、かなり食べたと思っても、「ちっとも食べていないじゃない！　大きくなれないよ」とあらゆる家のお母さんに心配される。

練り粥はアフリカ大陸に広く分布し、使われる穀類や練り上げる硬さにバリエーションがある。アフリカ大陸北部に位置するスーダンの主食も、この練り粥だ。スーダンのはソルガム（別名こうりゃん、イネ科の雑穀）が原料で、練ったものは「アスィダ」と呼ばれる。私が2018年に2週間ほど現地家庭に滞在していた時も、毎日のようにこのアスィダが食卓に上っていた。ソルガム粉自体が灰色なので、できあがったアスィダはまさにそばがきのような見た目だ。お世話になっていた家のオムニヤさんは、これを毎日鍋いっぱいに練る。

なんてことない作業に見えるのだけど、これが案外骨の折れる仕事だ。おいしく仕上げるには、ボートのパドルを思わせる大きくて長い棒で、空気を含ませるようにして前後上下にまぜるのだけれど、鍋いっぱいの量をまぜるのにはえらい力がいる。そしてしっかりまざって練り上がってもまだ完成ではなく、熾《おき》になった炭火で30分ほど蒸らすのだ。オムニヤの横で「私もやる」と言って交代してもらったのだけれど、重たくて力が全然入らず、すぐに返上した。オムニヤは、「スーダンでは、おいしいアスィダを作れたらいい嫁になれるって言われてるの」と教えてくれた。

アスィダがない日は、同じソルガム粉で作るクレープ、キスラが食卓に上る。こちらの方がふわふわして軽い分まだ食べ進められるのだが、生地を半日発酵させてから焼くのでちょっと酸っぱい独特の風味があり、これもそうたくさんとはいかない。やはり「全然食べてないじゃない！」と心配されるのだ。オムニヤは、「昔ながらの男たちはキスラよりアスィダ。この量一人で食べてしまうよ」と言って、一家の分として作った鍋いっぱいのアスィダを指さしてにこやかに笑った。

そうして毎食、主食が食べ進められないことに申し訳ない気持ちになるのだが、ちょっと救いなのは、アスィダやキスラがあってもほぼ必ず「食べやすい主食」がそれと並んで食卓に上ることだ。小麦粉でできた、白いパンだ。街でよく売っているのは、コッペパン

アスィダは、シチューをかけて手で食べる。これはトマトベース。

アスィダがあってもパンがほしい。食卓に両方上るのは日常の光景。

のように長細いものと、ハンバーガーバンズのように丸くて平たいもの。味は想像通りで、いずれも給食のコッペパンそのものの、くせのない味だ。朝に市場に行って袋いっぱいに詰められたパンを買ってきて、翌朝にはなくなっているのでまた買いに行く。

ここ数十年は、このパンが食卓でかなり幅をきかせるようになってきているという。現地の食に浸りたい、日本にはないものを食べたいと思いつつ、食べ慣れたパンがあるとほっとした。このパンはスーダンでも人々に広く受け入れられているらしく、「食卓にパンがないと、アスィダやキスラがあっても『パンはどこ?』という声をあげる人がいるのよ」と教えてくれた。

◆アメリカからの小麦輸入量が急増

しかしよくよく考えてみると、この土地の日常食としてパンが浸透しているのは、ちょっと不思議だ。スーダンはその立地からも想像される通り、非常に乾燥した土地で、ほぼ全土が砂漠気候またはステップ気候。年間降水量は100〜300ミリ程度で、小麦の栽培限界とされる500ミリを下回っている。さらに経済水準の低さや長年の紛争等により灌漑《かんがい》設備も未整備であり、ほとんどの土地では小麦が栽培できない。唯一ナイル川沿いの灌漑ができる地域でのみ栽培されている。*14

一方ソルガムはというと、乾燥に強くやせた土地でも育つ作物なので、この土地で昔から栽培されている。安定供給する主食としては最適だ。そんな理にかなった主食があるのに、どうして小麦粉のパンがここまでもてはやされるのか。

スーダンの小麦供給量を見てみると、興味深い事実が浮かび上がってくる。図8は、1961年から2019年のスーダンにおける小麦生産量、輸入量、消費量を表したものだ。生産量も伸びてはいるものの、それを遥かに凌ぐ勢いで消費量が増えている。その不足分を埋めるように、輸入量がぐんぐん増えているのだ。この大量の小麦の輸入先を調べると、当初はほとんどがアメリカということがわかる。一体なぜ、アメリカからの小麦輸入が増え始めたのだろうか。

この状況を理解するために、アメリカの小麦事情の変遷に目を向けてみる。1960年から2000年にかけて、アメリカは一貫して世界の小麦生産量上位3ヵ国のうちに入り続けている。*15 アメリカの農業輸出金額に占める割合を見ても、小麦はとうもろこしや大豆と並ぶ稼ぎ頭。アメリカにとって、重要な輸出品目なのだ。

1940年代は、好調に輸出が続いていた。ところが、1949年頃になって翳《かげ》りが見えてきた。第二次世界大戦が終結し、朝鮮半島での戦争が休戦すると、戦地食料という特需がなくなったのだ。世界的に安定して農業生産できるようになったところに、ヨーロッパでの好天が重なり、世界中で小麦余りが生じた。このままではアメリカの小麦も値崩れしてしまう。そこで1954年にアメリカで成立した法律が、公法480号、別名「余剰農産物処理法」と呼ばれる法律だ。

この法律は、途上国への食料支援という名目で制定された。その内容は、支払い力の乏しい途上国にとってかなり魅力的なもので、アメリカから小麦を買うのに米ドル建てではなく現地通貨での支払いが可能で、40年の長期ローン、低金利、といった条件だ。比較的緩やかな輸入条件を設定することにより、余剰小麦で途上国の食料事情改善に資するというのが名目だ。なんとも素晴らしいように聞こえる。かくしてスーダンも、1974年よりアメリカから小麦輸入を開始した。[*16]

その小麦で焼いたパンには政府の補助金がかけられたこともあり、安価で手に入る主食として都市部から普及していった。[*16] 先のアスィダやキスラと比べて考えるに、パンが安価に手に入るようになったというのは、生活にものすごい変化をもたらしたのではないだろうか。鍋いっぱいの練り粥を練る力仕事からも、焚き火にのせた鉄板にかがみ込んで煙に目を痛くしながらクレープを焼く労働からも、解放されるのだ。加えて、小麦というのはソルガムのような雑穀に比べてストレートにおいしい。あまくて、やわらかくて、本能に訴えるおいしさだ。その上既存の主食と遜色ないくらいに安いとなったら、これはもう受

図8　スーダンの小麦生産量・輸入量・消費量推移

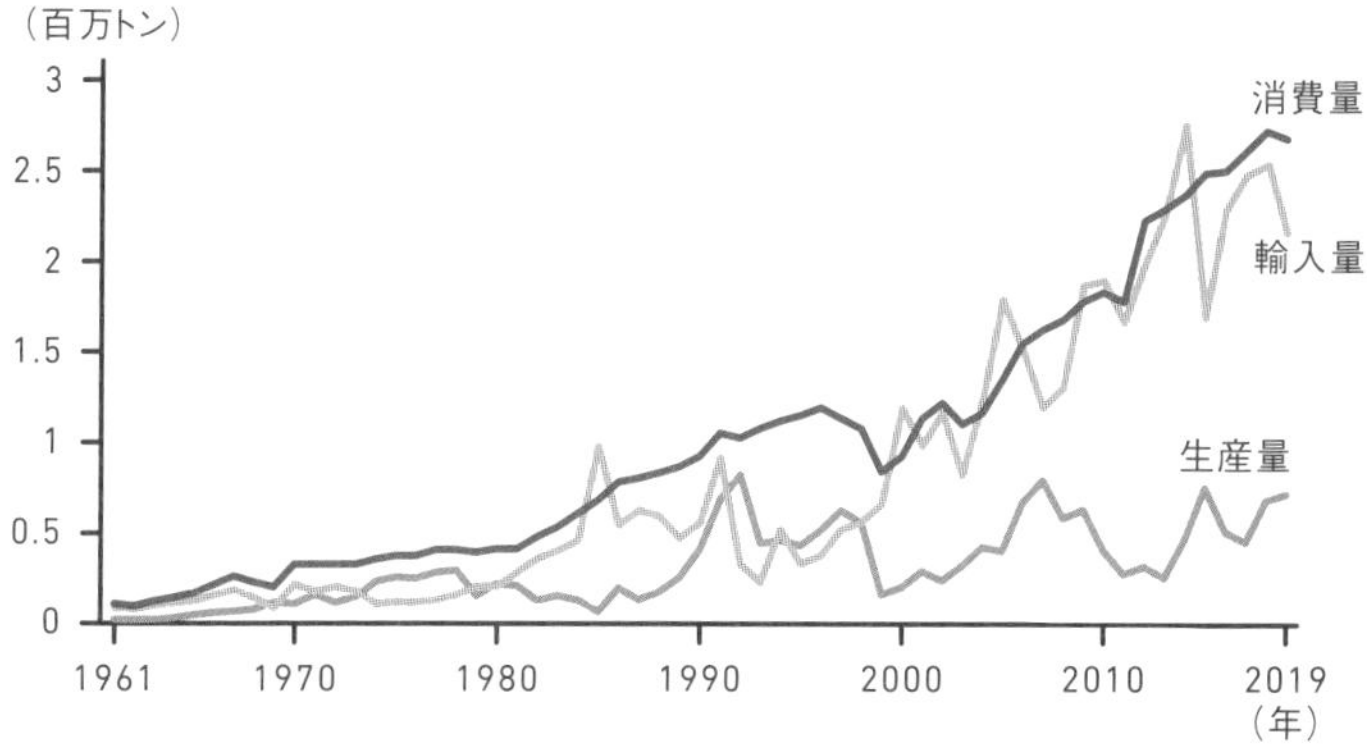

FAO Food Balancesのデータより筆者作成
*2012年以前の数値は独立前の南スーダン分も含む

飛行機から見下ろす、スーダンの乾燥した大地。育つ作物は限られる。

容しないほうがおかしい。小麦の需要は増え続けた。

しかしこの法令に基づいて結ばれた協定は別名がある。「余剰農産物協定」だ。途上国の支援を謳《うた》いつつ、結局はアメリカの小麦を長期的に輸入させるための戦略ではないかと批判する声も強いのだ。受け入れ国の農業生産を圧迫したり、他の穀物輸出国の輸出を減少させたりするという。スーダンも、その点で無縁ではなかった。

◆政府のパン値上げから治安悪化・インフレへ

スーダンがアメリカと契約したローンの返済期間は40年。その上10年間の返済猶予があるから、結構な期間だ。その間に経済成長を遂げて返済できるというシナリオだったはずだ。しかしながら実際はそううまくはいかなかった。内戦により経済成長は停滞し、石油資源のある南部地域が南スーダンとして独立したことで資源を失い、他の産業も育たなかった。返済未払金は積もり、パン需要の増大に伴って政府の補助金額も増え、財政を圧迫するようになっていく。私が現地を訪れたのは、アメリカからの小麦輸入開始から44年後の2018年末だったが、日に日に食料の値段が上がったり、ATMから引き出すお金の上限が設けられて長蛇の列ができたり、国にお金がないことを日常生活の中でもひしひしと感じた。

いよいよ期限切れが見えてきた２０１８年末。突然政府によりパンの価格が引き上げられた。これがきっかけとなってデモが起こり、社会全体の混乱へと発展していった。民衆の怒りの対象は、生活の糧となっているパンが手に入りにくくなることへの反発にくわえ、その背後にある30年もの独裁体制と一向によくならない経済状況にあったとされる。銀行口座資産凍結を恐れてＡＴＭには行列ができ、連日のデモによる治安悪化や教員のボイコットにより学校は休校に。「今年は新年のセレモニーはなしだ」という話を聞いたり、地方の街に行くために予約した飛行機が1週間のうちに倍ほど値上がりしたり、治安悪化とインフレによってすべてが混乱していた。変わらないことといったら、それでも食卓にはパンが上り続けていたことだろうか。

そして先日、この原稿を書くためにスーダンの現在の小麦事情を調べていたら、なんとまた２０２２年に小麦の値上げでデモが起こっているというニュースが出ているではないか。今回の原因は、ロシアによるウクライナ侵攻だ。実はスーダンの小麦輸入先は、当初アメリカが多かったが、１９８０年代後半にはアメリカの小麦余りが解消され、他の国からの輸入に切り替わっていた。徐々に内訳を変えて２０１０年代後半からはロシアが最も多くなり、２０２０年にはロシアとウクライナで全輸入量の79・8パーセントを占めるまでになったのだ。[*17]パンひとつの値段は、２０１８年の値上がりで1スーダンポンドから3スーダンポンドになり、[*18]その後も上昇は続いていた。２０２１年6月には燃油の補助金が撤廃され、２０２２年1月にはパンの補助金も撤廃され、ただでさえ原料と加工賃がかさんでいたところに、ロシア・ウクライナの一件。輸入が滞るようになり、今回の値上げで35スーダンポンドから50スーダンポンドになった。[*19]４年間で50倍にもなったというのだから凄まじい。４年前は1個１００円で買えたコンビニおにぎりが、今年は５０００円出さないと買えないという状況だ。

40年の時を経て、パンはスーダンの食事の一部となった。政府の補助もあって普及した「白くておいしくて安価な主食」は、台所に立つ人の負担を軽くし、確実に人々のお腹を満たした。その功績は大きい。しかし一番肝心な主食を外に頼る体質になってしまったゆえに、生活や社会の基盤が脆弱になるという結果をも生んだ。

生活を豊かにする目先のメリットと、長い目で見た安定性。アメリカの小麦輸出政策を受け入れたのは、日本も同じだ。学校給食からパン食を導入し、そのうち生活に浸透し、今や米需要の低下に悩む日本にとっても他人事ではない。我々の主食は、この先どうなっていくのだろうか。

インフレの証。1万円を両替したら札束になった。

市場ではパンがどっさり売られている。毎朝ひと袋買ってきていた。

Column 1

おみやげに喜ばれる日本のお菓子は？

世界の家庭にお世話になる時、必ず手みやげにお菓子を持っていく。このお菓子を選ぶのが、ゲームのようでなかなか楽しい。そもそも、お菓子は地域の個性が強く出る。インドのお菓子は砂糖と油がたっぷり使われた目の覚めるようなものが多く、中東はスパイスや香料を多用し、東南アジアはぷるぷるの蒸し菓子があざやかな色で目を引きつける。伝統菓子というのは、それぞれの土地の歴史や気候に加えて、美意識や贅の感覚を映して発展してきたこともあり、その国の嗜好が非常に強く表れる。当の文化圏の人にとってはおいしいものでも、その外に出ると「甘すぎてひと口でお腹いっぱい」「独特のにおいが苦手」と感じられたりする。または食べる前から「極彩色で食べるのが怖い」となったり逆に「白くてのっぺらぼうでおいしくなさそう」と言われたり。

世界中で広く受け入れられるのは、クッキーなどヨーロッパ発の焼き菓子くらいだろうか。でもだからと言って、日本からの手みやげでクッキーを持っていったところで、まったく目新しくないしおもしろくない。受け取るその人にとって「目新しい」けれど「受け入れやすい」味であるというこのバランスが、なかなか難しい。経験がある方もいるのではないだろうか。私も今まで色々試し、よい反応も悪い反応ももらってきた。そんな試行錯誤をご紹介したい。

あんこ入りの和菓子

はじめの頃は、「日本のお菓子＝和菓子＝まんじゅう」こそが日本みやげの正統だと信じて疑わず、あんこの入ったまんじゅうや餅菓子を持って行っていた。しかし、これが全然ウケがよくない。特にヨーロッパと中南米の家庭では、「あんこというのは豆を甘く煮たペーストで……」と説明している間にすでに不穏な表情をされる。

だんだんわかってきたのだが、豆を甘く煮たというのが、だめなのだ。ヨーロッパや中南米では、豆はもっぱらおかずの食材で、塩味で煮込んで肉料理の付け合わせやスープにする。スパイスを入れることはあっても、砂糖で煮るというのは、彼らの食経験からするとあり得ないのだ。しょっぱいはずのものが甘いと「気持ち悪い」につながり、おいしいと感じられない。

日本に留学していたオーストリアの友人は、「お菓子も、パンも、中に茶色いのが入っているからチョコだと思って食べたら甘い豆。今度こそはチョコと思ってもやっぱり甘い豆で、もうトラウマ」と語っていた。豆なのに甘い、チョコのようなのにチョコじゃない、二重に期待を裏切ってくるのが、あんこ入りの和菓子の非情なところだ。

キットカット

和菓子に懲りて以来、長らく「キットカット」を鉄板手みやげにしていた。キットカット自体は、もちろん日本のものではない。スイスに本社を置く世界最大の食品・飲料会社ネスレ社の製品で、世界中のスーパーで手に入る。しかし、日本ほどに多様なフレーバーがある国はなく、抹茶やいちごのように定番化したものから、ご当地キットカット、それにわさびや日本酒といったとがったものまで数百の種類があるのは日本ならではだ。そこでスタンダード以外のキットカットを持っていくと、知っているお菓子だけれどフレーバーは目新しいので、「目新しいけれど受け入れやすい」のゾーンに入り、喜ばれるのだ。一番よく買っていくのは、日本らしさもある抹茶味だ。

ただし、キットカットも万能ではない。暑い国に持っていくと渡す前に溶けてしまうし、フレーバーによってはハラルでないものもあるのでイスラム教の家庭には持っていけない。加えて、抹茶はきらいな人がいないと思っていたけれど、好ききらいがはっきり分かれる味だと最近わかってきた。確かに考えてみれば、抹茶の甘くて苦い味というのはコーヒーのようなもので、きわめて嗜好品的だ。国による差も大きいが、フィンランドで「喜ばれない」を通り越して「嫌な顔をされる」ことを経験して以来、キットカット抹茶味を選ぶのがこわくなった。そしてみやげ物探しの模索は続く。

コアラのマーチ

私自身の子どもの頃のお菓子の思い出といえば、「コアラのマーチ」だ。プリントされた絵柄をなめて消してから食べるというのをおもしろがっていた。見た目が目新しくて会話のきっかけになるし、味は普通のチョコなので受け入れやすい。パッケージの仕掛けや細かいところが日本的で、中のチョコが暑さで溶けても出てこないので問題なし、そして子どもも楽しめる。そういうわけで、子どものいる家庭などにはよく持っていった。

そこそこ喜ばれていたように思う。ただし近年はアジアの国々の現地スーパーでも同じものが買えるし、よく似たローカル品が出回っていて、目新しさがない。ではヨーロッパではというと、食べ物にも何にでも顔を描くアジア文化をナンセンスだと感じる人もいて、その感覚を知ってからはやや気がひけるようになった。持っていく側の都合としても、六角形のパッケージは長旅の間に荷物の中でつぶれやすく、ひしゃげた箱を渡さなければいけないこともしばしば。だんだん、私の中でコアラのマーチを選ぶ理由が薄くなってきた。

それでも、やっぱりチョコ菓子は安定だ。日本のチョコはアジアの国々では品質が高いと人気らしいので、「アーモンドチョコレート」「トッポ」「きのこの山とたけのこの里」などをめぐるようになった。

カントリーマアム

チョコ菓子の中でも、「カントリーマアム」の地位は絶対だ。日本人が集まる時にお菓子を買うとなったら、まず買い物カゴに入ることは間違いない。熱烈に愛する人たちがいて、きらいという人には会ったことがない。日本らしさは薄いけれど、この柔らかいクッキーというのはどこにでもあるものではないから、まあ目新しさもあるだろう。個包装で大袋入りなので分けられるという利点もあり、よく買っていた。

ただしここ数年よく言われるようになったのは、「小さっ！」という驚きの言葉。私もそう思う。我らがカントリーマアムは世界標準のクッキーに比べてどんどん小さくなっている。そうすると一度に三つ四つと食べ進め、みるみるうちに袋のゴミの山ができる。途上国では家のまわりや道端に捨てられる。自分の持っていったお菓子で土地を汚すのが心苦しくて、買うのをためらうようになった。

グミ

日本では、最近グミ市場の成長が著《いちじる》しい。「果汁グミ」を展開する明治の推計によると、2021年のグミの市場規模は約600億円超。この10年で約2倍に増加し、ガムや清涼菓子を抜いたそうだ。[*20] 昔からのぶどうやオレンジ味だけでなく、コーラやエナジードリンクやマシュマロ味などこれもグミになるのかというような味も登場し、食感もハード、ぷちっと、もちっと、しゃりもになど多様化。日本はオノマトペが多くて食感を楽しむ民族だと言われるし、これこそ現代の日本みやげとしてふさわしいではないか。受け取った人の驚き顔を想像しながら、矯《た》めつ眇《すが》めつして買っていく。

ところが、そうやって吟味して選んでも、反応はいまいちわからない。開封すらしてもらえないことが多いのだ。嫌なのではない（と信じている）。おそらく原因は、袋の小ささだ。ヨーロッパなどのグミが大袋なのに対して、日本のはとても小さい一人仕様。みやげとして単体で持っていくには少なすぎる。ゆえにチョコ菓子などとセットで持っていくわけだが、小さくて分けづらいからなのか、気分が盛り上がらないからなのか、自分がいる間に食べてもらえることがほとんどない。後で食べてもしかしたら喜んでいるかもしれないけれど、チョコ菓子に比べて食感やら形状やら情報量が多く、やや面倒だ。ちなみに、グミに用いられるゼラチンは豚由来の可能性があるため、イスラム教の国や家庭にははじめからNGだ。

そんなわけで、絶対盤石《ばんじゃく》と思っていたキットカットへの信頼が揺らいで以来、「どこでも誰にでも喜ばれる万能なお菓子」というのはまだ見つけられていない。ただ、そんな万能選手を見つけることへの関心が薄くなったのも事実で、「すべての外国人が喜んでくれる日本菓子」という万能性よりも「この国の人は何が好きだろうか」と互いの文化の共通性を見つける方がおもしろくなってきたのだ。たとえば、せんべいは欧米ではいまいちだが、インドネシアではウケがいい。食事に添えるクルプックというものに似ているからと聞き、「歌舞伎揚」を持っていったら本当に喜んでくれて、あっという間に一袋が空になった。米食文化であることと、あの甘しょっぱい味がケチャップマニスというインドネシアの国民的調味料に似ていて馴染みがあるのもよかったのかもしれない。

なかなかクリアできないゲームだけれど、日本の菓子への反応を通して、訪問先の人たちにとっての食べものの見え方や嗜好が一段深く見えてくるのが、おもしろい。おみやげ選びから、旅ははじまっているのだ。

第2章　食と宗教

イスラエル
マクドナルドにチーズバーガーがない
——食べ合わせの謎に迫る

「ウナギと梅干しを一緒に食べてはいけない」と、誰が言い出したのだろう。鰻丼に梅干しを載せようとした覚えもないし、どこで教えられたのかもわからないけれど、いつの頃からか「食べ合わせが悪い」ものとして刷り込まれていた。

よくないとされる食べ合わせは他にも、天ぷらとスイカ、カニと柿など、いくつかある。なぜ悪いのかは、いまいち納得できていない。調べてみると、お腹を壊すとか栄養の吸収を阻害するとか言われており、「諸説ある」という状況のようだ。昔は、生産流通や衛生状態が今とは違ったから、食中毒を防ぐ等の意味があったのかもしれない。そんな半分おまじないのような食べ合わせ伝説を知るたび、なんで生まれたんだろうなあと思いをめぐらせては楽しんでいる。

世界の台所を訪れていて、同じように、食べ合わせについて教えられたことがある。イスラエルのユダヤ人家庭でのことだ。共働き夫婦と子どもたちの五人家族で、イスラエル北部の産業都市ハイファに住んでいる。

◆世界で唯一、ユダヤ人が建国した国

イスラエルという国について確認しておこう。世界地図を広げると、アフリカ大陸とユーラシア大陸をつなぐ蝶番《ちょうつがい》のような場所（シナイ半島）があり、その東側に位置するのがイスラエルだ。中東と呼ばれるこのあたりの地域はイスラム教徒の多い一帯だが、この国だけはユダヤ教徒が74パーセントと多数派を占める。[*21]

実はユダヤ教徒が最大多数派の国は、中東に限らず世界中探してもイスラエルしかない。長らく世界中に離散してディアスポラとして暮らしていたユダヤ人の人々が、１９４７年にユダヤ教の聖地であるこの地に〝帰還〟し、建国した。ところがこの地は、ユダヤ教の聖地であると同時に、イスラム教・キリスト教の聖地でもあり、その時点ではイスラム教徒を中心とするアラブ人が根をおろして暮らしていた。ユダヤ人がやってきてイスラエル

を建国したわけだから、アラブ人たちは家を追われ、聖地の一部も奪われた。反発が起きないわけはなく、対立は中東戦争を経て今も続いている。現代の中東情勢につながる重要な話題だが、限られた紙面では書き尽くせないので、その話はここでは割愛する（詳しくは280ページへ）。

◆朝食作りとユダヤ教の食戒律講義

私が訪れた家では、土曜日の朝食は夫のリオが台所に立つ。リオは「ブリンチェスを作ろう」と言って、愛用のレシピ本を開いた。

ブリンチェスというのは、いわゆるクレープロールで、春巻きのような形をしている。中には甘いチーズクリームを包むのが定番で、ロシアのブリヌイやポーランドのナレスニキと呼ばれる料理によく似ている。東欧にルーツを持つユダヤ人がよく作るものだ。

リオはまずはクレープ生地作りに取りかかった。卵、牛乳、砂糖……レシピを見ながら、一つひとつ分量をきっちり量ってボウルに入れていく。牛乳を量るのも、計量カップを目の高さまで持ち上げて正確に目盛りを読み取る。まるで理科実験のようだ。

「こういうのはサイエンスだからね。ぼくは大学で生物学を専攻した理系人間だから、正確に量りたいんだ。何度も作ってレシピを覚えたつもりでも、毎回レシピを見て分量をきっちり量って作るのがおいしさのコツだ」

妻のリナットは、リビングで子どもの相手をしながらやや待ちかねているようだけれど、リオは気にしない。生地を寝かして、焼き始める。何枚も何枚も焼く。時間がゆっくり流れて、その間にいろいろな話をした。そのうち話題は、ユダヤ教の食戒律のことになった。ユダヤ教では、イスラム教のハラルと同じように、食べてよいものといけないものが決められていて、すべてに適合する食べものがコーシャとされる（図9）。

戒律だけみると、やたら複雑で奇妙に思える。牛や豚に蹄《ひづめ》があるかなんて、考えたこともない。イスラエル訪問前に頭に叩き込んだつもりだったけれど、細かいルールは覚えられなかった。宗教で決められたことだから、理屈を聞くのも許されない気がする。本当にこのような複雑なルールを守って今も生活を送っているのだろうか。疑問を投げかけると、リオは教えてくれた。「ぼくは大学で生物学を専攻したんだ。生物学の観点から見ると、コーシャってなかなか合理的なんだよ」。

彼の説明をもとに私が調べたことをまとめると、一つひとつの禁忌は以下のように説明することができる[*22〜26]。

大前提として、この地で民族が繁栄するためには、「食べたら死ぬ可能性が高いもの」と「食べたら食料供給全体が逼迫《ひっぱく》するもの」を排除することが必要だ。ユダヤ教発祥の地であ

ブリンチェス作りは生地作りからはじまる。計量から、きっちり。

「料理はサイエンス」と言うリオ愛用のレシピ本。結婚前から使っている。

るシナイ半島は、乾燥しており、食物が豊富に育つわけではない。

1.「蹄が分かれた反芻動物」以外食べてはいけない

反芻《はんすう》とは、一度飲み込んで胃に入った食物を口の中に戻して再咀嚼することだ。繊維質の食物を食べる草食動物に見られる行動で、肉食動物は反芻しない。したがって「反芻する動物」といえば、すなわち草食動物を指す。また反芻動物は偶蹄目《ぐうていもく》(蹄の数が偶数)なので、蹄の条件も自動的にクリアされる。よってこの一文は「肉食動物と雑食動物は避け、草食動物だけを食べなさい」と読み替えることができる。

肉食動物を避けるべき理由としては、食物連鎖の上位にいるため有害物質を体内に多く蓄積しやすい(生物濃縮)という安全上の理由に加えて、生育に多くの穀物等が必要で人間と食料の取り合いになるという食料生産効率の観点が挙げられる。草食動物であれば、人間が食用にできない繊維質の草やワラや木の葉を食べて育ってくれるのだから、こちらの方がはるかに好都合だ。

雑食動物である豚も排除される。これは、野生の雑食動物は何でも食べるため人体に害のある物質が蓄積されている可能性があるとか、何でもかんでも食べる様子が卑しいためその性質が人間に移らないようにするようにとか、そんな説明がされる。とにかく、安全に

図9 コーシャと非コーシャの食材

コーシャ
牛
羊
ヤギ
蹄が分かれた反芻動物
アジ
サバ
サケ
ウロコとヒレのある魚
鶏
鴨
アヒル
七面鳥
右記以外の鳥類
非コーシャ
豚
ウサギ
カンガルー
蹄が分かれていない、
または／かつ、反芻しない動物
カニ
貝
クジラ
アナゴ
甲殻類・貝類・ウロコとヒレのない海の生物
ワシ
タカ
フクロウ
カラス
特定24種の鳥類（主に猛禽類）
チーズバーガー
チキン
クリームシチュー
同じ料理に肉と乳製品を使ったもの
食肉処理の方法にも指定あり

生きたいならば、不確実なものを取り込むリスクは避けた方がよい。さらに豚は暑くなると体温を下げるために泥の中を転げる性質があり、泥がない乾燥地では自らの糞尿の中を転げ回る。衛生的とはいえない。

ちなみに、「反芻する」だけでよいはずなのに蹄の条件がある理由として、ラクダを排除したかったのではないかという説がある。[*22] ラクダは砂漠を移動する生活においては非常に有益な使役動物だが、繁殖が極めて遅く、食肉のために飼うには効率が悪い。定住農耕民であるユダヤ人には、ラクダでなければいけない理由はなく、牛や羊を飼う方が多くの人口が養える。ラクダは反芻動物で、実は蹄も分かれているのだけれど、足に毛が生えているために蹄が分かれていないと見なされるらしい。

2.「甲殻類・貝類・ウロコとヒレのない海の生物」を食べてはいけない

甲殻類や貝類は、海底を這う「海の掃除屋さん」だ。有害なバクテリアやウイルスや藻を食べて、体内に毒素を溜め込んでいることがある。実際、牡蠣にあたるのも、海水中のノロウイルスなどを溜め込んでいるからだ。また、ウナギやナマズのような「ウロコとヒレのない海の生物」は、泥の中に生息しているため、不潔なものを食べているかもしれないという考えがあったようだ。食中毒などのリスクが高いならば避けるに越したことはない。イルカやクジラなどの哺乳類を避けるためというのもあるかもしれない。

3.「特定24種の鳥類」を食べてはいけない

指定されている鳥類は主に猛禽類で、その他カラスやペリカンなどがある。猛禽類は肉食であるし、動物の死骸を食べているかもしれない。カラスはゴキブリ並みにいろんなものを食べる。前掲の二つと同じ論理で、これらも避けた方が安全だ。

4.牛を食肉処理する際は、牛に苦痛を与えないよう鋭い刃物で頸動脈を一瞬で切らなければならない。また専門家が牛に病気がないことを認めなければならない。

これは、食肉処理の際のルールだ。速やかに切ることで、汚染（コンタミネーション）の可能性が抑えられる。また、専門家の確認が入ることで病原菌を持つ不健康な個体が避けられる。

ちなみにこれらの基準を満たした肉ならば安心ということで、ユダヤ人でなくても、衛生や動物倫理の観点からコーシャミートを選んで買う人もいる。私がメキシコでお世話になった家の方は、ユダヤ教とはまったく関係ないけれど、「衛生的にも安心だし、動物を余計に苦しませていないと思うと気が少し楽だから」とコーシャミートを選んでいた。

生物学的視点で考察してみるとなかなか納得感があり、なるほどよくできている。衛生や技術が整わない時代に、自然環境の厳しいこの地で生き延びる知恵が詰まった合理的なルールに思えてくる。

◆食べ合わせの理屈は？

最後にリオは、食戒律の中で一番不可解に思える食べ合わせについて語り出した。

「コーシャの基準って、実は解釈の余地があるもので、何をどの程度守るかは人によるんだ。僕の家は敬虔なユダヤ教の家系で、コーシャにもとっても厳格だった。たとえば『同じ料理に乳製品と肉を両方使ってはいけない』という規定がある。これは聖書の中の「子山羊を、その母の乳で煮てはならない」という一文からきているのだけれど、厳格に捉えると、一つの料理でなくても胃の中でまざるのも避けるべきではないか、という解釈になる。拠り所にしていたラビ（聖職者）の言葉に従い、わが家では『肉を食べた後7時間は乳製品を口にしない、乳製品を食べた後3時間は肉を口にしない』というルールで生活していた。それが当たり前だったんだ」

7時間と3時間！　なんて絶妙で微妙な設定なのだろう。これは肉類と乳製品の消化にかかる時間から決められているのだが、その長さや程度は人それぞれだという。

「ある日学校から帰ってきたら、腹ぺこだった。だからハムサンドを作って、ココアも作って、夢中でハムサンドにかぶりついてココアを飲んだ。その瞬間自分が何をしたかに気づいて、耐えられなくなって吐き出したんだ。ハムとミルクを同時に口にしてしまった。あり得ないことで、パニックになった」

それ以来、一度も肉と乳を同時に口にしていない。今フライパンで焼いているブリンチエス(皮に牛乳を使っている)にひき肉あんを包むことはあり得ないし、チーズバーガーも食べない。そもそもイスラエルのマクドナルドにチーズバーガーはないけれど。

「窮屈に思うことはないの?」とおそるおそる聞いてみると、静かに首を横に振る。「食べたいと思わないね。厳格なルールを守ること自体は重要でないのだけれど、決めてしまった自分のルールがある。心の平穏を乱す必要はないから、今もそのルールで生活しているんだ」と言う。

最後に、ずっと気になっていたことを聞いてみた。「何で肉と乳を一緒に食べたらだめなの?」するとリオははじめて困ったような顔をした。「推測なんだけれど……おそらくタンパク質の摂りすぎを防ぐためなんじゃないかな。わからないけど」。生物学を学び、古《いにしえ》の食戒律をロジカルに説明してきた彼でさえも、食べ合わせの理屈はよくわからないのだ。私

甘いチーズクリームを包んだら完成！ 子どもたちはヌテラとバナナ入りが好き。

も調べたものの、他のルールに比べていまいちすっきりしない。動物性食品の摂りすぎ、飽和脂肪酸が過剰、食中毒リスクが抑えられるというあたりの説明でとりあえず納得している。

ちなみに、彼の子どもたちは平気でハムサンドとココアを一緒に口にする。リオは彼らに食べ合わせのルールを強いるつもりはないという。「ぼくの時代とは違うからね。彼ら自身が考えて決めればいいと思う」。ウナギと梅干しのような昔話だけでなく、絶対不動に思える宗教の食戒律さえも、時代によって、人によって、そして同じ家族の中でも基準が変わるものなのだ。

インド

世界一厳しい？ ジャイナ教の菜食と生命観

遠いと思っていた外国は、案外身近にあるものだ。

友人の家に、インド人の方がホームステイを始めた。聞けば、ジャイナ教徒の男性だという。ジャイナ教！

インドの宗教人口割合の円グラフがぽんっと頭に浮かぶ（図10）。圧倒的面積を占めるのは、ヒンドゥー教徒。全体の8割ほどだ。その次にイスラム教徒が14パーセントほど。それから3つほどの宗教が続き、もはや面積なんてないくらい細い線が、ジャイナ教徒だ。全人口のたったの0・4パーセント、数にして約450万人。インドでも日本でもたくさんのインド人に会ってきたが、ジャイナ教徒の人には未だ会ったことがない。会える機会など一生ないと思っていた。

私がジャイナ教を認識したのは、飛行機を予約する時の機内食選択画面でだ。インドの外に教徒はほぼいないとされる宗教なのに、世界の航空会社の多くではジャイナ教食の選択肢が用意されている。不釣り合いなほどの存在感がある。

図10

インドの宗教人口割合

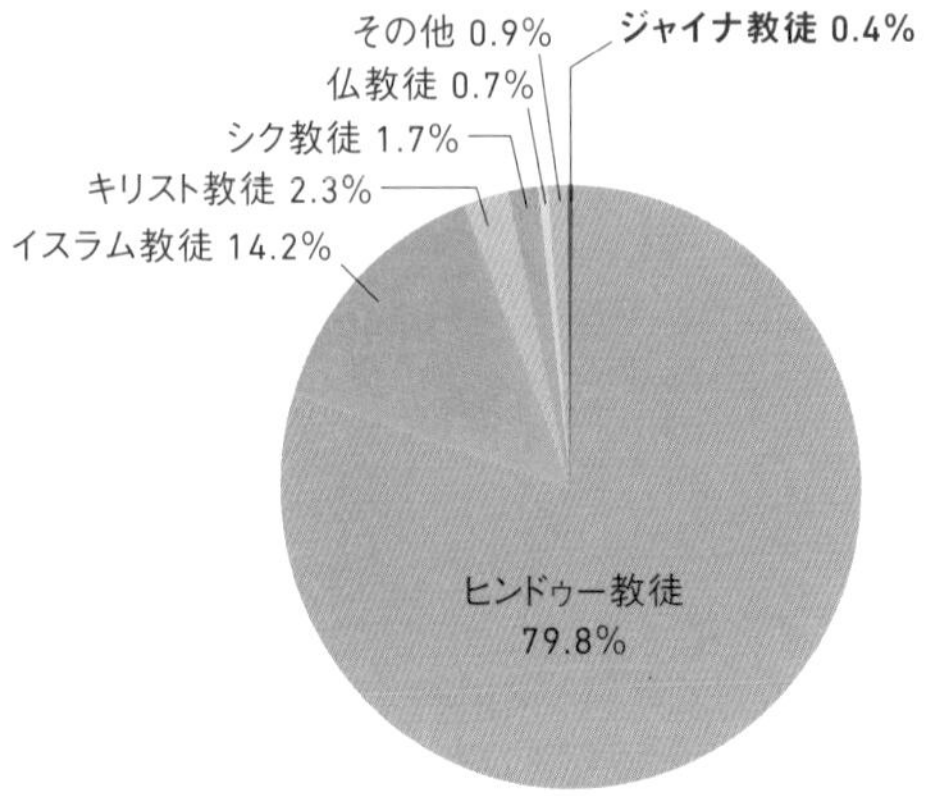

日本外務省公表値（2011年国勢調査）より筆者作成

食のルールの話題となると、世界的に見てもジャイナ教の存在感はピカイチだ。最も厳しい食戒律を強いていると言われ、徹底的に殺生を避ける。肉や魚を食べないだけでなく、道を歩く際にも虫を踏まないようにするなど、ルールは生活全般におよぶと聞いたことがある。

インターネットで「ジャイナ教」と画像検索すると、布一枚だけまとった僧の姿が出てきた。口の上には、空気中の虫を不用意に吸い込まないための布をつけている。不殺生と不所持の教義を究めた服装なのだそうだ。

そんなジャイナ教の食事とは一体どんなものなのか。厳しい食戒律がこの日本で貫けるのだろうか。日本人の食事をどう考えているのだろうか。疑問が次々と湧いてきて止まらない。友人にお願いし、夕飯作りをご一緒させてもらうことになった。

訪問の日が決まったら、手みやげをどうしようと悩みはじめた。チョコは乳製品を使うからだめそうだ。焼き菓子なんて、卵も乳製品も入っていてもってのほか。せんべいやまんじゅうならば大丈夫そうだけれど、和菓子は口に合うのだろうか。緊張しながら思案して、迷った挙句に、とらやの小形羊羹を持ってお家に向かった。

◆野菜尽くしの料理を教わる

玄関のチャイムを鳴らす。ひげもじゃで眼光鋭く、削ぎ落とされた肉体の男性が出てくると思った。ところが、笑顔で現れたのは、くりっとした目がかわいらしい細身の男性。「こんにちは」と言う声は特別高くて、一気に力が抜けた。その上、おそるおそる手みやげを渡すと「なんでも食べるよ」と言われて、もう悩んでいた自分がおかしくなってしまった。

彼の名前はヴィルくん。ジャイナ教徒の多いグジャラート州出身だ。24歳の青年で、ITエンジニアとして日本に来て2年目だ。はじめは仲間たちとシェアハウスに住んでいたけれど、それぞれの生活変化で解散。一人暮らしも考えたけれど、「インドにいた時と同じように、常に周りに人がいる環境がいい」とホームステイを選び、ホームステイのマッチングサービスを通して今の家族に出会った。

彼が教えてくれた料理は三つ。主役の食材はそれぞれ、じゃがいも、なすとトマト、そしてデザートもにんじんと、野菜尽くしだ。

まずはパオバジ。じゃがいもカレーをパンに挟んで食べる、ムンバイ生まれの軽食だ。ヴィルくんはスマホの画面を見ながら材料を準備する。「インドにいる時は母が料理していたから、自分で料理する機会なんてなくて……こっちに来てから、作りたいものがあると母に聞いて、それからネットで調べたりして作ってるんだ」と照れたように言う。

じゃがいもは皮をむいて角切りにし、カリフラワーの角切り、グリーンピースとともに圧力鍋に入れてゆでる。柔らかくなったらザルにあけ、水を切ってつぶす。フライパンで玉ねぎを炒め、トマトを加えて煮詰めたら、先ほどのマッシュを加え、スパイスで味付けする。見た目は、赤いゆるめのポテトサラダ。具材のゴロゴロ入ったカレーだけでなく、こういうタイプもあるようだ。

合わせるパンは、ナンやチャパティ（無発酵平焼きパン）ではなく、コストコのテーブルロール。インドでも、これに近いふわふわのものを使うのだそうだ。インドっぽくないなと思ったが、ムンバイはイギリスのインド植民地支配の中心地だったことと関係があるの

料理を教えてくれたヴィルくん。小柄で声が高く、笑顔がかわいい。

パオパジを作る。圧力鍋でゆでたじゃがいもは、崩れるほど柔らかい。

かもしれない。

次は、なすとトマトのカレーを作る。玉ねぎを切るのだけれど、包丁を動かし始めたヴィルの目からは涙がぼろぼろ出てきて止まらない。まるでお手伝いをする子どものようで、かわいそうになって私が切るのを代わった。彼は隣でにんじんをスライスする作業に切り替え、デザートのガジャルハルワ（にんじんのミルク煮）を作りながら、ジャイナ教の食戒律について語ってくれた。

「肉や魚はもちろんだめだけれど、野菜だったらすべて食べていいというわけじゃない。厳格なジャイナ教徒は、地面の下の野菜を食べないんだ。理由は……地中には虫や微生物が多くあるからと教わった気がする。とにかく命を奪ってしまうから。それからなすも、小さな種が無数にある上に、身が柔らかくて中に虫が棲みつきやすいからあまりよくない。祖母は決して口にしなかった」

肉や魚も卵もダメ、野菜もなんでも食べていいわけじゃない（図11）。もう、逆に何が食べられるんだ！

いや、ちょっと待て。今日のパオバジに使うじゃがいもは「地面の下」の野菜だし、玉ねぎだって気持ちを掻き立てる食材だ。隣の鍋で作っているなすとトマトのカレーは気絶するくらい種がいっぱいだし、パンも発酵食品だ。だめなものだらけじゃないか。

図11

ジャイナ教で「食べるべきでない」とされている食べ物の一例

肉、魚、卵およびそれらを含む食品	5つの感覚を有する生命体だから。
地面の下の野菜（じゃがいも、生姜）	そこから生命が生じるから。地上の植物よりはるかに多くの生物がいて犠牲になるから。
においの強い野菜（玉ねぎ、にんにく）	気持ちを興奮させて攻撃的になるから。魂の平穏を妨げるから。
多くの種を持つもの（ザクロ、なす、いちじく）	そこから無数の生命が生じるから。
ほうれん草、カリフラワー、ブロッコリー	小さな虫が隠れているかもしれないから。
蜂蜜	蜂の巣を壊すことによって得られるものだから。
発酵食品（パン、チーズ、アルコール）	発酵によって生じた無数の微生物や菌を殺すことになるから。
菌類（きのこ）	そこに無数の微生物がいるから。じめじめした不衛生な場所で育つから。
前日の残りもの	そこから無数の微生物が発生しつつあるから。
ろ過・煮沸していない水	水中にバクテリアや細菌がいるから。
日没後の食事	不用意に小さな生物を殺してしまうかもしれないから。日没後は太陽の殺菌効果が得られず微生物が増えやすいから。

理由についてはさまざまな解釈・説明があり、ここに挙げたものは一例

急に焦り出した私を横目に、彼は笑う。「どれくらい厳格に守るかは、人によるんだ。ぼくの母方の祖母は厳しく守っていたけれど、母はそれよりは少し緩かった。父方の家系は寛容だったので、父はさらに緩かったね。それに、家族の誰かが好きだと食べていいことになるんだ。たとえば、なすとトマトのカレーは、家族みんなが好きだから、母は自分は食べないけれど作ってくれた。パオバジは、ぼくたちのためにじゃがいもで作った後に、自分用にプランテーン（調理用バナナ）で代用したのを作っていた」。

外食で新しい味を知ることもあるし、子どもたちの可食域拡大を許している親は少なくないという。

◆「野菜も生き物」という生命観

世界のいくつかの宗教で、動物を殺したり苦痛を与えたりすることは禁止されている。しかしジャイナ教の基準はそれらよりはるかに厳しい。どうして、野菜などの植物すらもだめなのか。

これを理解するために、ジャイナ教の生物観に飛び込んでみよう。以下は、上田真啓《まさひろ》の『ジャイナ教とは何か』*27（風響社）による。

ジャイナ教で最も重要な原則は、不殺生（アヒンサー）だ。仏教やヒンドゥー教など、古

図12

ジャイナ教の生命体の分類

感覚器官の数
生命体を、そのものが有する感覚器官の数で分ける

5	触覚、味覚、嗅覚、視覚、聴覚	**動物、人間**	可動
4	触覚、味覚、嗅覚、視覚	**クモ、ハチ**	可動
3	触覚、味覚、嗅覚	**アリ、ガ**	可動
2	触覚、味覚	**貝、細菌**	可動
1	触覚のみ	**植物、水**	不動

代インドで生まれた他の宗教にも通ずる思想だが、ジャイナ教は、他宗教よりずっと細かい生命にまでそれを敷衍《ふえん》している。ジャイナ教の世界観では、この世界のあらゆるものは生命体と物質に分けられるとされる。*28

また、生命体はそのものが有する感覚器官の数によっても分けられ、5つの感覚のうち触覚だけを有する最も低次のグループに、植物や水が含まれる（図12）。このグループは、生命体を「可動のもの」と「不動のもの」という別の基準で分けた時の「不動のもの」に合致する。つまり、植物や水は動き回らないけれど、生き物なのだ。不殺生の教義はすべての生命体に適用されるので、厳密に考えたら水も野菜も口にできないが、何も食べずに生きていくことは現実的に不可能なので、この最も低次の生命体だけは食べてよいことになっている。

さらに植物の中でも、食べるべきでないものがあるのは、そこに無数の生命体が付着していたり、そこから無数の生命体が生まれたり、または無数の生命体の死によって得られる食物であるからだという。暗くなってからの調理や食事を避けるのも、誤って虫などを殺してしまわないため。火の利用にも慎重だ。水や水に宿る生命にも注意を払う。*29

厳格な信者はこれらすべてを避けるが、そうすると特別なレシピが必要になる。たとえば、インド料理の多くは、にんにく生姜ペーストを炒めて玉ねぎを加えるところから始まるけれど、これらはすべて地面の下のものなので使えない。またサモサをはじめ軽食類はじゃがいもを多用している。虫が隠れていやすい野菜類や菌類のきのこも避けると、限られた野菜と豆中心の食事になる。食べるものがないというわけではないが、場合によっては困難が伴う。そういうわけで、一般信者はそれぞれの環境や制約の中で線を引いて、ある程度の野菜を許しているのだという。

◆日本の居酒屋で食べられたのはフライドポテトだけ

また、一人の人間の中でも、食べる/食べないの線引きは変化する。

ヴィルは大学進学と同時に、地元のグジャラート州を出て南部のハイデラバードに引っ越した。グジャラート州はジャイナ教徒が比較的多く、食事に出かけても困ることはないが、ハイデラバードはちがう。実家で母が作っていたようなジャイナ食を貫くのは非常に難しい。付き合う友だちの幅も広がり、ジャイナ教のルールを頑なに守ることに無理が出てきた。そこでだんだん食べていいものが広がり、肉や魚は食べないけれど野菜は何でもOKというインドベジタリアン的食事になった。じゃがいもやにんにくを食べても、両親は許容してくれていたという。住むところが変わり、時代が変われば、食も変わりうるのだ。

しかし、日本に来て肉も食べるようになったのは、両親には絶対に内緒だ。「知ったら、間違いなく許さない」と言う。動物（可動の生命体）と植物（不動の生命体）の間には、厳格な超えられない一線があるのだ。

それを聞いたら私の方がそわそわしてきて、どうしても気になって、聞いてみた。「自分の中で、葛藤はなかったの？　牛や豚は、それまでの人生で絶対に食べてはいけないものだったんでしょ？」

一瞬考えてから、彼は首を横に振った。

「ぼくは親元を離れるまでジャイナ教の食戒律を守っていたけれど、それは、それがルールだったから。信仰心が厚くて心から食べたくないと思っている人もいるけれど、ぼくはそうではなかった」

世界一厳格な菜食者、虫をも殺さぬ厳格な集団のイメージが、音を立てて壊れた。私と何ら変わらぬではないか。

そんな彼にとっての判断基準は、おいしく食事を楽しめるかどうかだという。「ジャイナ教の食戒律を守って不自由なく食事を楽しめたら、わざわざ破る必要はないし、喜んで守るよ。でもハイデラバードや日本では難しすぎた。日本に来て最初の6ヶ月はベジタリアンを通したけれど、食べられるものがほとんどないんだ。目の前の料理に何が入っているか見てわからないから、友だちと居酒屋に行くと、フライドポテトしか食べられなかった」。まわりも気を使うし、そんな生活を続けるのはエネルギーのいることだっただろう。

しかし、食のルールを緩めることに精神的抵抗はなくとも、体を慣れさせる必要はあったという。たとえば、にんにくや生姜や玉ねぎは、刺激が強い。胃腸に負担がかかるから、初めはお腹を痛くしていたのだという。彼が玉ねぎで子どものように泣いていたのは、本当に子ども並みに耐性がないからだったのだ。

今なお食べられないものはあるのかと尋ねたら、「生野菜のサラダ」と即答した。戒律的にはきわめて安全な部類のものだが、インドでは野菜を生で食べなかったこともあり、おいしいと思えないのだという。なんということだ。食べる／食べない、食べたい／食べたくないの線引きは、なかなか一筋縄ではいかない。

◆グローバリゼーションと食の未来

ジャイナ教徒は、世界中の産業界で活躍している。インドの平均と比べてもずば抜けて高い識字率と女子教育率を誇り、殺生に近い一次産業を避けて宝石商や金融業に多く就く。日本でも、御徒町《おかちまち》の宝石商は、ジャイナ教徒がその多くを占めている。世界に羽ばたき、若い世代は異文化に触れ、食のあり方も変わってきていることだろう。

あるモノが食べものであるかそうでないかの線引きは、そのコミュニティや個人にとっての世界の見え方を映している。生命観や社会の関心と言い換えることもできるだろう。その線が、一体どこになぜ引かれるのか。宗教に限らず多様な食の選択をする人たちが暮らす社会で、一人ひとりの食選択を真に理解することは、この世界をより深く理解することにつながると思うのだ。

Column 2

機内食に見るフード・ダイバーシティ

日本に住む限り、外国へ出かけるには飛行機に乗らなければいけない。絶対に遅れないよう、電車の乗り換え情報を何度も確認し、空港に向かう。無事空港に着いて搭乗手続きを済ませたら、コンタクトレンズを外し首枕を膨らませて、狭い機内を快適に過ごす支度をする。ちょっと面倒だけれど、旅への気持ちが徐々に高まる機内の時間はけっこう好きだ。機内での関心は、もちろん機内食。航空会社の個性やポリシーが表れていて、非常におもしろい。

新型コロナウイルス感染症拡大でしばらく渡航を休んでいたのだけれど、久しぶりに飛行機に乗った2021年10月。ルフトハンザ航空の機内食に驚いた。"Beef or chicken?"などと聞かれることなく、標準の食事は一種類。メインは野菜ラザニアで、その周りにサラダ、パンにチーズなど。

食べはじめてしばらくしてから、あれっと気づいた。特別食を選んだわけではないのに、ベジタリアン食なのだ。たまたまそういうメニューだったのかなと思ったけれど、その次の軽食もベジタブルラップとヨーグルト、それにお菓子。ラップは野菜だけでなくチーズも入ってずっしり重く、かなりおいしい。チーズや乳製品は使用されているのでヴィーガンではないけれど、すべての人に、肉や魚を含まない食事が標準で提供されるのだ。

標準の食事がベジタリアンというのは「さすが環境保護や動物愛護への意識が高いドイツ」という感じで驚いたが、菜食志向や宗教規定に沿った機内食メニューの選択は、世界中の航空会社で可能になっている。オンラインで航空券を予約すると、ヒンドゥー教食やベジタリアン食など、もれなく食事の選択がついてくる。旅慣れたマニアたちの間では、「南アジア系の航空会社はジャイナ食がおいしい」「特別食を選ぶと早く提供されるからいい」「旅の帰りは胃が疲れているからフルーツプラッターで」など、食の制約の有無によらずこの機会を利用してさまざまな食のオプションを楽しもうと情報が飛び交う。

考えてみれば、機内食というのは食選択の制約が最もクリティカルになる場面だ。制約がある場合、家で食べるならば容易に避けられるし、レストランに行く場合でも店を選ぶかメニューの中で食べられるものを注文すればよい。けれど機内での食事は「では他の店に」などということができないし、メニューだって何ページにもわたるものの中から食べられるものを探すことなどできない。味の好みは諦め、「これこれの制約を持った人向け」

という形で制約ベースで用意するのは、非常に効率的で理にかなっている。
世界には、宗教や健康や倫理観などさまざまな理由で食事の制約を持って暮らしている人たちがいるけれど、そのすべての人たちが食べる機内食は、フード・ダイバーシティのショーケースなのだ。

ということは、機内食を分析すれば、世界のフード・ダイバーシティが概観できるので

上：ルフトハンザ航空の野菜ラザニア。サラダやケーキはプラ蓋なし。環境配慮？
下：ベジタブルラップもおいしかった。野菜とチーズがぎっしり。

はないだろうか。ヴィーガンやハラルなど、食の多様性に関しては近年話題に上がることが多くなってきたけれど、一体どんな種類があるのだろうか——。世界の主要な14エアラインの機内食を調べ、どのような選択肢があるのか、またそれぞれの対応状況やエアラインごとの違いなど、調査してみた。

調査手法：

世界の主要エアラインのホームページを参照し、「特別機内食 Special Meals」のラインナップを目視で確認、対応有無とその内容を抽出した。エアラインの選び方は、利用者数上位から選択しつつ、大陸や地域のバランスが取れるよう調整した。

結果：

図13は、世界のエアラインで提供している機内食の種類を表にしたものである。機内特別食にはＩＡＴＡ（国際航空運送協会）の共通コードが割り振られており、共通化されている。航空会社のホームページを見ると、どこもだいたい「宗教」「菜食」「健康上の理由」の3つのカテゴリーに大きく分けているが、宗教と菜食の線引きは絶対的なものではなく、たとえばオリエンタルベジタリアンが宗教に入ることもあれば、菜食に入ることもある。

各エアラインでそのうちのどれを提供しているかを表にしたのが図14である。

図13　エアラインの特別機内食分類

宗教	ヒンドゥー教	HNML	牛肉と豚肉およびそれらに由来する原料不使用。ヒンドゥー教の規律に従って調理。
	ハラル（イスラム教）	MOML	豚肉と酒およびそれに由来する原料不使用。イスラム教の規律に従って調理。
	コーシャ（ユダヤ教）	KSML	ユダヤ教の規律に沿う食材を、ユダヤ教の規律に従って調理。コーシャでない食事と同じ設備で温めざるを得ないため、二重に包んで封をした状態で提供。
	ジャイナ教	VJML	一切の動物性タンパク質および根菜不使用。ジャイナ教の規律に従って調理。
	アジアン ベジタリアン	AVML	肉・魚・卵不使用。乳製品は使用。スパイスを用いたインド風の味付け。ヒンドゥー教はじめインドの諸宗教の菜食者向け。
菜食	ヴィーガン／ベジタリアン	VGML	一切の動物性タンパク質不使用。
	オリエンタル ベジタリアン	VOML	一切の動物性タンパク質に加えて五葷《ごくん》（にんにくや玉ねぎなど匂いの強い野菜）も不使用。米や麺類を中心とし、中華風の味付け。東アジアの仏教徒向け。
	ラクトオボ ベジタリアン	VLML	肉と魚不使用、乳製品と卵は使用。乳製品と卵を許すベジタリアン向け。
	フルーツプラッター	FPML	新鮮な季節の果物のみ。基本的には生の果物だが、硫酸塩不使用のドライフルーツが含まれることもある。グルテンフリー、ヴィーガン、断食中など、自分の要求に合う食の選択肢が見つからなかった人向け。
	シーフード	SFML	肉不使用、魚は使用。多くの場合は西洋風の味付け。ペスカタリアン向け。
	ローベジタリアン	RVML	生の野菜や果物のみ。動物性タンパク質に加えて、加工品、食品添加物、カフェイン含有食品、保存料も不使用。
健康	**グルテンフリー食**［GFML］、**低脂質食**［LFML］、**低塩食**［LSML］、**低糖質食**［DBML］…		

4文字のアルファベットはIATA（国際航空運送協会）共通のコード

「健康」に該当するのは、アレルギー除去食や減塩食など、病気や体質によるものだ。命を守るためにも非常に重要なものだが、話が広がってしまうので今回は対象外とする。

「宗教」については、それぞれの宗教で定められた食戒律に従った食事が用意されている。特定の食材を含まないだけでなく、調理者や調理空間の規定があるため、製造ラインを分けたりといった対応が必要だ。

イスラム教のハラルなどは耳にする機会も多いし、世界人口の4分の1がイスラム教なのだから用意されていて当然だ。ヒンドゥー教も、インドに集中しているものの人口は多いのでわかる。

すごいのは、ジャイナ教食とユダヤ教食だ。ジャイナ教は人口450万人ほどの小さな宗教で（79ページ参照）、徹底的に殺生を排するため、使える食材がかなり限られる。

ユダヤ教食はもっと大変だ。世界での人口は1400万人、コーシャ規定に従ってユダヤ教徒の手で調理されるのみならず、非ユダヤ教徒の手で触れられるのを避けるために二重に封印するなどの対応が必要ゆえ、世界の中でも製造できる工場は限られているという。対象となる人数が少ないこれらの食事も用意されているのだ。

	ターキッシュエアラインズ	エジプト航空	大韓航空	中国南方航空	中国東方航空	全日本空輸（ANA）	カンタス航空	ニュージーランド航空
	トルコ	エジプト	韓国	中国	中国	日本	オーストラリア	ニュージーランド
	○	○	○	○	○	○	○	○
	標準	標準	○	○	○	○	○	○
	○	○	○	○	○	○	○	○
	○	−	○	○	○	○	○	○
	○	−	○	○	○	○	−	○
	○	−	○	○	○	○	○	○
	−	−	○	○	○	○	−	○
	−	○	○	○	−	○	−	○
	−	−	○	○	○	○	−	○
	−	○	○	○	○	○	−	−
	−	−	○	○	○	○	−	−
	5	**4**	**11**	**11**	**10**	**11**	**5**	**9**
	すべての食事はハラル（イスラム教）対応	すべての食事はハラル（イスラム教）対応			新型コロナウイルス感染症拡大により、2020年3月以降機内食サービスを停止中。配布されるスナックは食制限のリクエスト不可			

各社WebページのSpecial Mealsより筆者作成。2022年12月5日最終確認

図14 **主要エアラインの特別機内食対応状況**

		アメリカン航空	デルタ航空	ルフトハンザドイツ航空	エールフランス航空	カタール航空	エミレーツ航空
		アメリカ	アメリカ	ドイツ	フランス	カタール	アラブ首長国連邦
ヒンドゥー教	HNML	○	○	○	○	○	○
ハラル(イスラム教)	MOML	○	○	○	○	標準	標準
コーシャ(ユダヤ教)	KSML	○	○	○	○	○	○
ジャイナ教	VJML	○	—	○	—	○	○
アジアンベジタリアン	AVML	○	○	○	○	○	○
ヴィーガン／ベジタリアン	VGML	○	○	○	○	○	○
オリエンタルベジタリアン	VOML	—	—	—	—	○	—
ラクトオボベジタリアン(ベジタリアン)	VLML	○	○	○	○	○	—
フルーツプラッター	FPML	—	—	—	—	○	—
シーフード	SFML	—	—	—	—	—	—
ローベジタリアン	RVML	—	—	—	—	○	—
合計対応種数		**7**	**6**	**7**	**6**	**9**	**5**
備考						すべての食事はハラル(イスラム教)対応	すべての食事はハラル(イスラム教)対応

菜食については、動物倫理や環境のために選ぶ人だけでなく、宗教の観点から選ぶ人もいるため、宗教規定への配慮も必要だ。また、肉を食べないことは共通だけれど、魚や乳製品や卵を食べるかどうかにおいて差がある。

強調したいのは、単に「ベジタリアン」と言っても「ではサラダで」というわけにはいかないこと。菜食人口が世界一多いと言われるインドでは、ヒンドゥー教や仏教などの宗教的教義から菜食の生活を送る人が多い。菜食と言っても、生野菜を食べる習慣がないので、サラダは好まない。インドでベジタリアン食と言ったら、スパイスの効いた野菜や豆のカレーのようなものだ。

一方、中国はじめ東アジアの菜食は、仏教に立脚するものだ。醤油やだしを用いるなどインドのものとは味付けが違うだけでなく、五葷《ごくん》（にんにく、にら、生姜などにおいの強いもの）も使わないので、同じものをというわけにはいかない。

そして、ヴィーガン（完全菜食）は欧米中心に普及しているものなので、味付けも西洋的。また、ヴィーガンの食事はベジタリアン（菜食）の条件も満たすので兼用されており、乳製品と卵を許すベジタリアンの人向けにはラクトオボベジタリアン食が用意されている。限られた環境の中で、多様な顧客の要望に応える工夫がされている。

さて、これらの食事は、一体どれくらいのエアラインで用意されて提供されているのだろうか。各社の対応状況をまとめたものが、図14だ。

宗教対応食は、驚くほどに対応が進んでいる。人口の多い宗教だけでなく、数の少ないユダヤ教やジャイナ教の人たちの食事も、多くの航空会社が用意している。それに比べて菜食は対応種類数にばらつきがある。アメリカ系のエアラインはヴィーガン食しか用意していないが、中国・韓国・日本はなかなか種類が多い。とは言っても、どのエアラインでも乗客が困る状況は少ないように思われる。細やかにすべて用意しなくても、最も厳しいヴィーガン食を用意しておけばおおむねニーズをカバーできるという事情もあるのだろう。そこから先の「乳製品はＯＫ」「魚はＯＫ」などは好みの範囲とも言える。

こうして比べてみると、世界の中でもアジアの航空会社がより多くのオプションを提供していることに気がつく。特に日本の全日空は、14社中ナンバーワンだ。大韓航空、中国南方航空も並んで首位で、アジアの航空会社の充実ぶりが目を引く。これは意外だった。巷では多様性や環境配慮におけるヨーロッパの先進性が注目され、「日本を旅行すると食べるものに困る。ハラルにヴィーガン、食の多様性への対応が遅れている」と言われるから、てっきり機内食もいくつかくらいしかないと思ったら、なんと優等生だったのだ！

このギャップが不思議にも思えるが、日本人特有の（過剰なまでの）サービス精神と考えれば、腑に落ちる。

異なる宗教や制約を持った人の食に触れる機会は、日常的にはないかもしれない。機内食というのは、そういった食を体験できる機会でもあるのだ（しかもタダで）。次の海外旅行では、ヴィーガン食や宗教食を選んでみてはどうだろうか。機内の楽しみが増えるに違いない。

第3章 食と地球環境

ボツワナ

アフリカの大地で出会った、タンパク質危機を救う最強の魚

最近の魚は、陸で育つらしい。世界最強と言われるその魚に出会ったのは、海から700キロメートルほど離れたアフリカの内陸国でのことだった。

国の名は、ボツワナ。ボリビアでもボスニアでもなく、ボツワナだ。南アフリカのすぐ北に接する内陸国で、砂漠気候。国土の西半分にはカラハリ砂漠が横たわっている。飛行機の窓から見下ろすと茶色の大地が広がっていて、「ああアフリカに来たんだな」と実感した。不毛の大地かと思いきや、乾いた土地の中には輝く宝が眠っていて、世界的なダイヤモンドの採掘地だというから驚きだ。作物は採れないけれど、ダイヤモンドは採れる。こ

の地を訪れたのは、友人がJICA《ジャイカ》（国際協力機構）海外協力隊として派遣されていたから。「おいでよ」という言葉に甘えて訪れて、田舎の台所を探検した。

◆乾いた大地の真ん中へ

首都ハボローネから車で走ること丸一日。私は助手席に乗っているだけだからよいけれど、ずっと運転してくれている友人は大変だ。見通しのよいサバンナなので交通事故の心配はほとんどないけれど、動物が出てくる可能性はある。食事中のハゲワシの横を通りかかったこともあるし、牛の行列に道を遮られたのも一度ではない。まるでサファリのようだ。

そうしてたどり着いた村では、背の高い男性が迎えてくれた。名前はエドアルド。つばの広い帽子にカーキのシャツとパンツを身につけ、まるで探検家のようだ。にかっと笑った表情は少年のように無邪気で、白い歯がまぶしい。妻と子どもとここに暮らしていて、ネイチャーガイドの仕事をしている。

案内されて彼の家に行くと、エドアルドの妻が家の前で焚き火をおこして鍋をのせ、何かを揚げている。焚き火の周りには、食材を切る小さな台や水桶もある。どうも、そこが台所になっているようだ。彼女が鍋から取り出し、少し冷まして渡してくれたのは、丸揚げの魚。食べなさいと勧めてくる。といっても、うちわくらい大きい。友人と半分に分けようとしたら、友人にも丸ごと一尾渡された。一人一尾食べろという。時間は午前11時、これから一緒に料理をしようという昼食前のタイミングだ。これだけでお腹いっぱいになってしまいそうだけれど、断りようがない。魚を両手でつかんでかぶりつくと、これが予想以上においしい。ふわっとした白身と、カリッと揚がった表面とのコントラスト。熱中して食べ進める。その様子を見ながら、彼女はにかっと笑う。彼女の歯も、まぶしいほどに白い。

食べ進めてふと気づいたのだが、この魚はとにかく食べやすい。背骨と皮がしっかりしているので手づかみでも身崩れしないし、小骨が少なくのどに刺さる心配もない。さらに身離れもすこぶるよい。日本の焼き魚で定番のアジやイワシだったら、こんなに大胆にかぶりつけないだろう。たい焼きを持つかのようにこんなに大きな魚を手づかみで食べたのは、この時がはじめてだった。

しかし、ボツワナは海に接しない内陸国だ。見たところ村に電気は通っていないようで、家に冷蔵庫はないし、冷蔵庫を備えた魚屋も見当たらない。一体どこで買ってきたのか。衛生的に大丈夫なのか。丸ごと一尾を食べ終えてから、急に気になってきた。

村への入り口。ぽつんぽつんと建っているのが家。

丸揚げのティラピアを手づかみで食べる。後ろで見守るエドアルドの妻。

魚の名は、ティラピア。海の魚ではなく、池や湖に育つ淡水魚だ。日本ではあまり知られていないけれど、世界では案外ポピュラーで、養殖量ではコイ類に次いで第二位を誇る（2019年）[*30]。ブリやサーモンよりも多いのだ。その養殖の歴史は長く、4000年以上前の古代エジプトではじまったとされる。

それだけではない。ここ30〜40年ほどで世界中に急速に広まり、養殖量は1980年から2010年の30年間で実に10倍近く増大[*31]。「21世紀で最も重要な養殖魚[*32]」ともいわれている。一体何が、そんなにすごいのか。

◆歴史の長い世界的な養殖魚

一歩引いて、世界の食料事情を見てみよう。急速な人口増加に伴い、将来のタンパク質不足が叫ばれて久しい。特に人口増加が著しいアフリカ・アジア地域では、法制度やインフラの未整備、経済の不安定さなどから大きな投資が進まない地域も多く、大規模な生産設備や冷蔵流通の整備が難しい。これらの地域で有力なタンパク源が求められている。

豆は、常温で長期間保存できて便利だ。しかし豆をたくさん育てればよいかというと、そういう単純な話でもない。経済成長に伴って、豆などの植物性タンパク質よりも肉や魚のような動物性タンパク質を求めるようになっていくのが世界的な傾向[*33]で、「食べられればいい」というわけではない。一方、肉の生産はさまざまな技術的挑戦が試みられているものの、大量の資源や飼料を必要とすることもあり、増え続ける人口を養う効率的でサステナブルな選択肢では今のところない。では魚はどうか。

◆世界の漁業は、池や湖で育てる陸上養殖へ

世界の漁業生産量は、過去70年ほぼ一貫して増えている（図15）。しかしよく見ると、1980年代以降、漁船漁業の生産量はほぼ横ばい（1・3倍）だ。一方、養殖業生産量は15倍にまで増加した。海洋資源がすでに限界近くまで利用されていることから、サステナビリティの観点からも養殖を推す声は大きい。世界の漁業は、「捕獲する」から「育てる」へと移り変わってきているのだ。

養殖と聞くと、私などは海に造られた生け簀《いす》を想像するのだが、最近増えているのはそれではない。図15をよく見ると、養殖の中でもここ20年で伸びているのは、海面養殖業ではなく内水面養殖業。海ではなく、池や湖で魚を育てているのだ。「陸上養殖」と呼ばれることもあり、海面養殖に比べて小規模でできるため、もともと途上国で広く普及していた。タイやベトナムなど東南アジアの田舎を訪れたことのある方は、畑の合間に、水田のような池を目にしたかもしれない。実は田んぼではなく、魚が泳いでいる。陸上養殖は、漁船

もいらないし「うちの田んぼ」くらいの規模ではじめられてしまうのだ。

陸上養殖は、途上国の食料生産において希望が大きい。大前提として、海面養殖は大規模な投資と設備が必要なので、資本がないと参入は難しい。その上近年は、海水温変化による海洋環境変化や自然災害によってリスクも上がっていて、ますますお金がないと難しい状況になっている。それに対して陸上養殖は、小規模低リスクではじめられる。技術・資源・経済力の制約が少なく、経済力の乏しい個人でも敷居が低い。大規模資本ではなく小規模事業者や労働者が潤い、地域の食料安全保障だけでなく貧困削減に寄与するのもよいところだ。

また、海洋養殖種は肉食魚が多いのに対し、淡水養殖種は雑食や草食である点もポイントだ。[*34] サーモンを育てるには餌として小魚を原料とするフィッシュミールを与えなければいけないが、コイやティラピアは植物性の餌やプランクトンで育つ。つまりタンパク質生産効率を考えると、淡水魚の方が少ないタンパク質量で生産できて効率がよいのだ。このことは、資源利用の観点からも有利だといえる。

◆ティラピア養殖はアジアとアフリカで8割以上

だいぶ話が広がったが、そういうわけでティラピアは、期待をかけられている淡水養殖

図15

世界の漁船漁業・養殖業生産量の推移

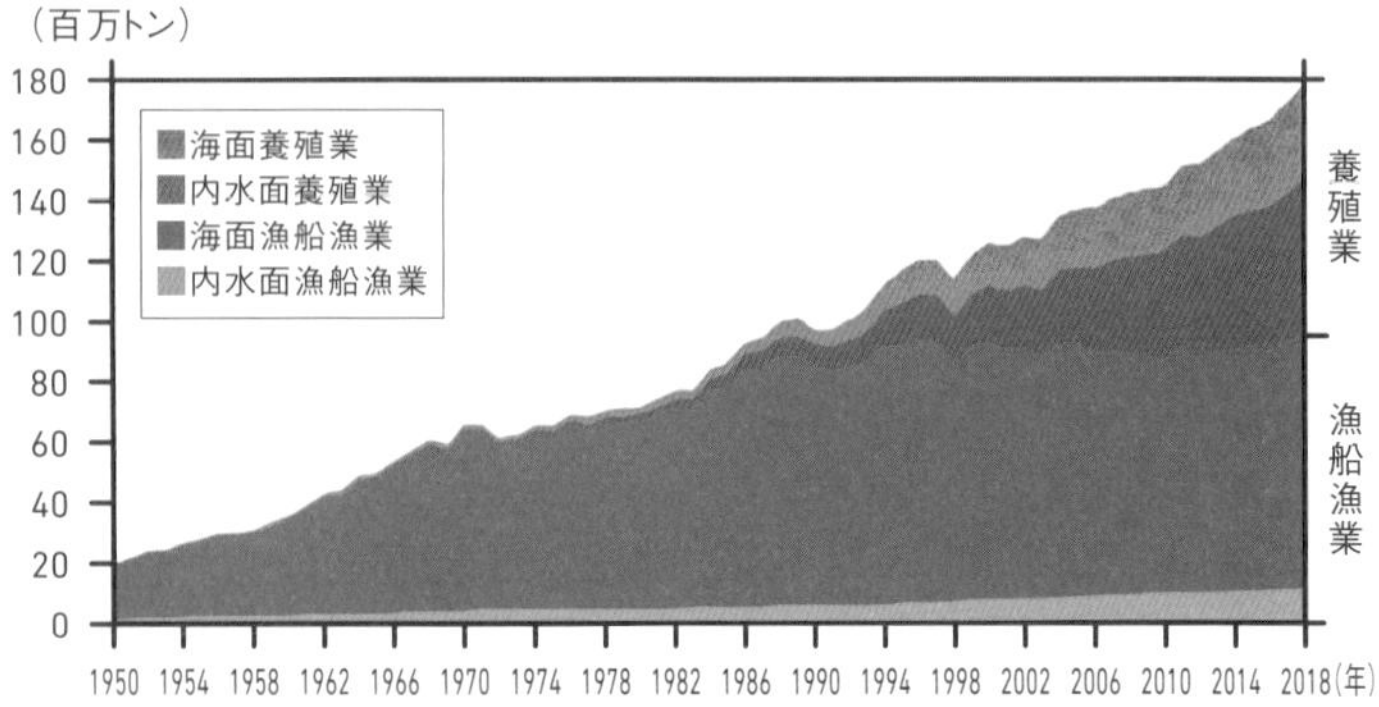

FAO FishStatより筆者作成
内水面漁業とは、河川・池・沼の淡水における漁業のこと
海洋哺乳動物、ワニ類、海藻類、その他水生植物は除く

図16

国別ティラピア生産量

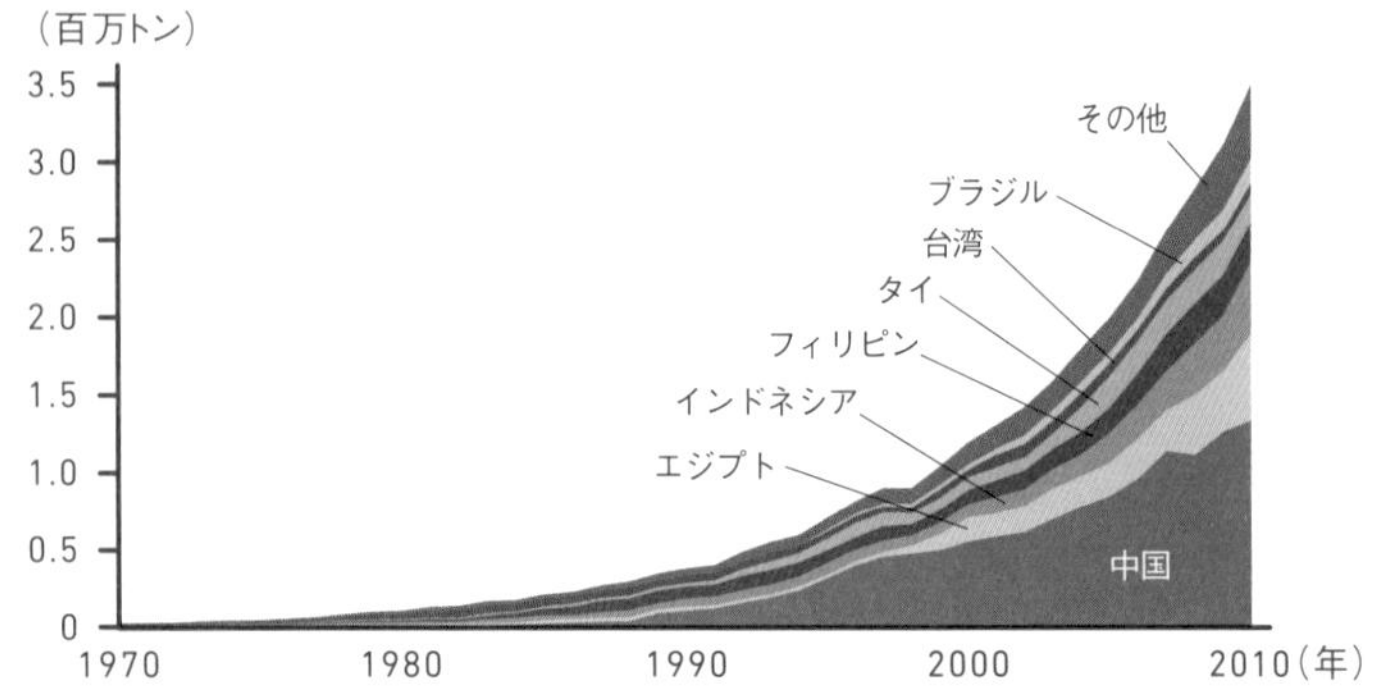

FAO FishStatより筆者作成

魚のひとつなのだ。ティラピアについて、少し詳しく見てみよう。

図16を見ると、生産量は中国がぐんぐん伸びて世界一。エジプト、インドネシアと続いて、上位の国はアジア・アフリカ地域に集中している。6位まではすべてアジア・アフリカで、全体の8割を占める。ティラピアは環境適応性が非常に高く、水温が高めの環境を好む以外は、どんなところでも育つのが特徴的。汚い水でも生育できるのだ。

さらにすごいのが、魚の中では温度管理に寛容な点だ。魚が肉に比べて腐りやすい理由は、生息環境にある。水の中で生きる魚は、水温で生きられるよう低温でも働く酵素をもつため、冷蔵してもそれらが不活性化せず自己消化が進んでしまう。また、魚の油（多価不飽和脂肪酸）は低温でも固まらない油なので、これらが酸化分解していやなにおいを放ち始める。冷蔵しても変質のプロセスが止まり切らないのだ。

この点、比較的高水温で育つティラピアは、肉と魚の中間的だ。ティラピアの生育に最適な水温は27〜30度とされ[*35]、この温度帯で働いてきたティラピアの酵素は、冷蔵下で肉と似たように働きがゆっくりになる。

また脂質が1〜2パーセントと少ない魚なので、油の酸化も起こりにくい。ナイジェリアで行われた実験では、氷冷で15日、室温（30〜31度）でも12時間は品質が保持できたという[*36]。ナイジェリアだから30度でも「室温」となっているけれど、日本だったら真夏の気温だ。確かにアフリカやアジアの市場を歩くと、肉も魚も常温で台にどんと置かれていることが多い。大丈夫かなと心配になるが、ティラピアならば、半日程度は大丈夫ということになる。「足が早い」とされるサバなどとは別次元の魚なのだ。

現地の流通・小売環境を前提とすると、温度管理に気を使わなくてよいことがいかに有利であるかがよくわかる。内陸・高温・小資本というボツワナのような国のこれからのタンパク源としてきわめて有力なのが、ティラピアという魚なのだ。

◆アメリカや日本の食卓にも登場

そういうわけで、ティラピア養殖は、途上国を中心にタンパク源として期待されているのだが、食味に目を向けるとさらなる可能性が見えてくる。

ティラピアの身はくせがなく、魚臭さもなく、骨は太くて身離れがよい。このことはすなわち、フィレステーキやフライといった西洋的料理にも広く使えることを意味する。事実、中国産ティラピアの最大輸出国はアメリカで、2020年のアメリカの一人あたり魚介類消費量第4位はティラピアだ。[*37]

「高たんぱく低脂肪で、ナイアシンやビタミンB12といった微量栄養素を多く含む」。ティラピアについて書かれたアメリカの記事をあたると、しょっちゅうこの記述に出会う。

魚に期待される多価不飽和脂肪酸（ＥＰＡ、ＤＨＡなど）は少ないものの、身が大きいので肉のように使えて、白身魚のフライにソテーにと活躍している。

「でも、日本にはないし食べたこともないよ」と思われるかもしれない。確かにティラピアという文字を目にすることはあまりないが、イオンが２０１８年に「いずみ鯛《だい》」という名で売りはじめたのは、ティラピアの刺身だ。食味が鯛に似ていることからその名がついたのだが、回転寿司でも鯛の代わりに使われていたのだとか。また、アメリカ発の会員制総合スーパーであるコストコには、今も冷凍フィレが1・13キロの大容量で売られている。アジやイワシのような歴史の長い海洋魚に比べて名前は知られていないけれど、案外知らず知らず食べているかもしれない。

低コスト低投資で始められて環境負荷が低いという生産の合理性だけでなく、食材としても扱いやすくおいしいとあっては、今後に期待せずにはいられない。

◆未来を担う魚

さて、揚げティラピアでお腹が満たされてしまったが、ようやくお昼ご飯の支度開始だ。エドアルドに連れられて近くの湖に向かい、睡蓮の根を収穫して、何度も洗って切って、1時間ほど肉と煮込む。下ごしらえからはじまって、もうやたら手間がかかる。その上、たっぷり油を入れて煮込んだものをつぶしてペースト状にするから、でき上がりは茶色くてどろっとした状態になる。これに揚げパンを添えて食べるのだが、味はわるくないもののなかなかヘビーで、食べ進められない。いつまでも中身のなくならない皿を片手に、考えた。

人は本能的に、食べ慣れたものをおいしく感じる。おいしさ研究の第一人者、伏木亨《ふしきとおる》先生はこれを食文化のおいしさと呼び、味が想像できるし危険でないとわかっているから、その安心感がおいしさになるのだという。[*38] 逆に、見ためから味の予想ができないものや予想を裏切るものは、嗜好を著しく低下させる。食は生命維持と密接に関わっているから、食の嗜好はとりわけ保守的なのだ。

未来のタンパク源をめぐっては、代替肉や培養肉、昆虫などの新技術が近年注目されているが、それらが受容されるのは、社会的にも、そして味覚的にも多少の時間がかかるだろう。その点ティラピアは、古代エジプトから存在し、世界に広く行き渡っている食材だ。魚の一種であり、抵抗は少ない。

改めて、すごいやつだ。アフリカの台所で食べた魚は、環境・社会・味覚のすべての観点で優れた、未来の食を救うヒーローだったのだ。

メキシコ

アボカド人気が大地を渇かす

「メキシコは世界一のアボカド生産国なのに、最近アボカドがどんどん値上がりしていて……」

そう教えてくれたのは、メキシコ州に住むルーシーさん。夫が買ってきた小粒のアボカドに眉をひそめる。彼女は、夫と20歳前後の娘、息子と四人で暮らしている。

◆メキシコの食卓にアボカドは欠かせない

この日の昼食は、大粒のとうもろこしと豚の頭などを煮込むポソレという料理。ルーシーは「この料理は少量作ったっておいしくないんだから!」と言って、とうもろこし4キロと豚の頭一つという大胆な量を煮込む。炊き出しかと思うような巨大寸胴は、ポソレ専用だ。その鍋をかきまぜる様子を指して、「魔女の大鍋みたいでしょ?」と息子はにやりと笑う。

スープ自体はシンプルな塩味なのだけど、料理の仕上がりに欠かせないのが、アボカドだ。テーブルには、アボカド、コリアンダー、刻み玉ねぎ、チチャロン（豚皮揚げ）、ライム、オレガノ、サルサ……と小皿がたくさん並び、それを各人がスープにまぜて好みの味に仕上げる。日本の料理は、料理する人が味を仕上げることが多いけれど、各人が卓上で完成させるのがメキシコ流。アボカドをスプーンで削るようにして入れると、うっすら火が通り、スープ全体がクリーミーでやわらかな味わいになる。アボカドは、料理の味を作る重要な役者だ。

話は逸れるが、この「味付けは食べる人任せ」というのは、ますます多様性の増す時代になかなかフィットしたスタイルだと思う。東南アジアのタイなどでも、卓上には必ず四種類の調味料がセットで置かれており、辛さや塩味を各人が調整する。ヨーロッパでも、テーブルの塩胡椒で料理を仕上げる。そもそも好みや体調の違う人たち全員に合わせることなんて無理。味付けを食べる人に任せたら、料理を作る人は余計な責任やプレッシャーから解放されるし、食べる方も自分好みの味にできるし、ハッピーではないか。

話をアボカドに戻そう。アボカドをつぶしてにんにくやライムで味付けしたワカモレも、

アボカドにしては小さいから、キウイかじゃがいもかと思っていた。

ポソレ専用の巨大寸胴をかき混ぜるルーシーさん。

器に注いだシンプルなポソレ。

アボカド他、好みの具材をのせて各自で完成させる。父さんのポソレは盛りだくさん。

毎日のように登場する大事なものだ。トルティーヤ（とうもろこし粉の薄焼きパン、22ページ参照）にそのままのせたり料理に添えたり、何かと食卓に並ぶ。タコス屋のカウンターには、ワカモレとサルサとライムが並び、なければ客からリクエストがくる。アボカドは、メキシコの食卓に欠かせない食材だ。

◆その歴史は紀元前に遡る

それだけメキシコ食文化に深く根を下ろしているのは、この土地で古くから食されてきたからだ。アボカドの原産地は、メキシコ南部の中央アメリカ地域とされていて、紀元前にはすでに栽培が始まっていた痕跡がある。古代文明を築いたマヤ人にとっても、アボカドは重要なものだったようで、マヤ暦のカレンダーの14番目の月を表す文字はアボカドをかたどっている。大航海時代を経て、世界中にアボカドが広まった21世紀の今も、生産は依然中央アメリカ地域に集中。中でもメキシコは約３割とナンバーワンの生産量を誇り（図17）、日本で売られているアボカドは約９割がメキシコ産だ。

日本での需要は右肩上がりで、２００８年からの10年間で輸入量は約3倍にもなった。[*39] 不飽和脂肪酸やビタミン・ミネラルを多く含み、「森のバター」と呼ばれるくらい、美容健康によいというイメージで定着。女性を中心に人気が増し、おしゃれなカフェの必須アイ

図17 **世界のアボカド生産量（2020年）**

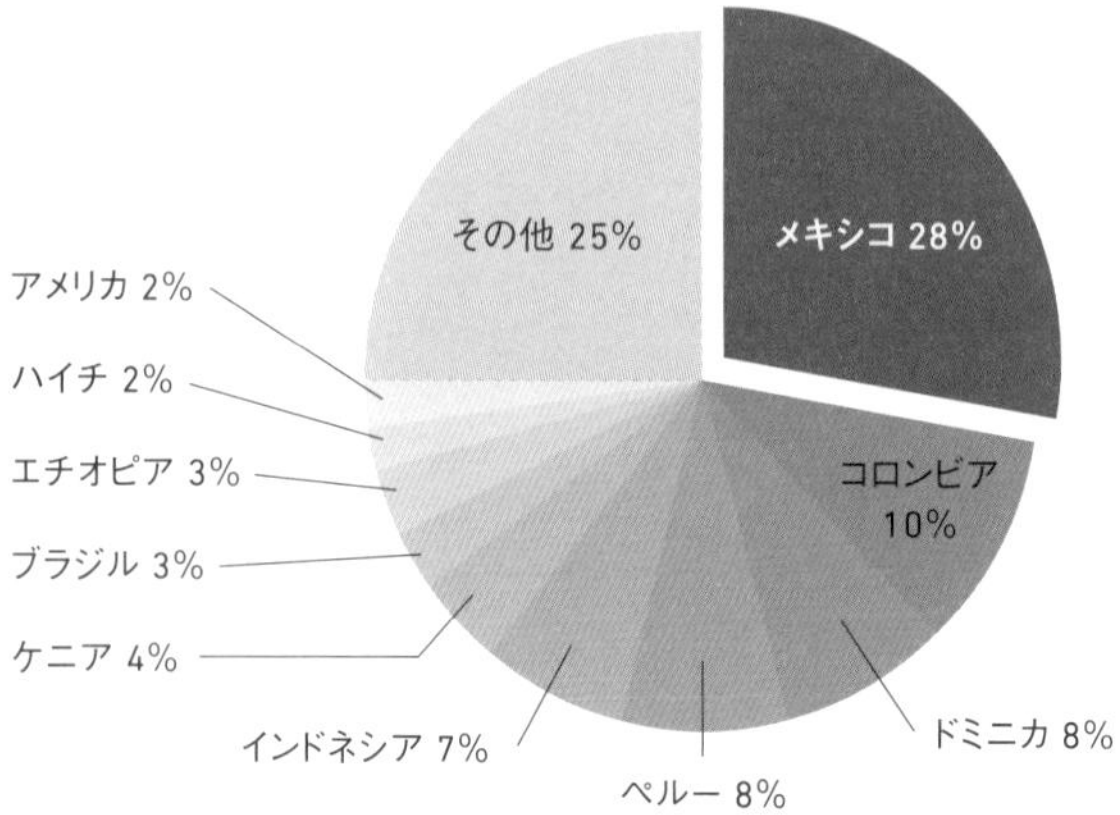

FAOSTATより筆者作成

テムのような食材になった。

需要の高まりは、日本だけではなく世界的なものでもある。特に、メキシコのアボカド輸出量の8割を占めるアメリカの伸びは凄まじく、２０００年からの20年間で消費量は4倍になり、輸入割合も4割から9割に上昇。今や一人あたり年間３・８キログラムも消費している。[*40]

主な要因は、健康志向やヒスパニック系住民の増加とされる。うそのような話だが、「スーパーボウルを観戦しながらワカモレを食べる習慣が定着したこと」も需要増加に拍車をかけているという。スーパーボウルとは、国民的スポーツであるアメリカンフットボールの決勝戦のこと。フットボールファンでなくても友人や家族とテレビ観戦するほどビッグイベントなのだそうだが、試合が行われる日曜日の週末だけで約6000トンのアボカドが食されるとカリフォルニア・アボカド委員会は発表している。[*41] たった1日ではあるが、たった1日の威力は、日本のバレンタインデーを見てもわかるように侮れない。何にせよ、それほどまでにアメリカ文化に入り込んでいるのだ。

そんな世界の状況を知ると、メキシコのアボカド農家はさぞ儲かっているだろうと思えてくる。農家は暮らしがよくなり、経済も潤って、よいことばかりではないか。ところが現実は難しくて、むしろ逆にさまざまな社会問題が生まれているようなのだ。

◆地元民がよいアボカドを買えない

アボカド農家としては、同じものを生産するならば、高く買ってくれる人に売りたい。そこで、大きくて質の高いアボカドは、アメリカや日本などの国々に輸出され、地元の食卓には〝残り物〟しか行き渡らないという状況が起こっている。

「こんなに小さいアボカドが1キロ40ペソ（約240円）だよ！　昔はもっと大きいのが、半分くらいの値段で買えたのに」とルーシーは腹立たしそうに言う。

生産地によいものが残らないというのは、昔からよくある話ではある。コーヒー生産国のコーヒー農家はネスカフェを飲み、カカオ農家は自分の育てたカカオでできたチョコレートの味を知らない。それも複雑な気持ちにはなるけれど、商業作物としてプランテーションで大規模生産している地域の話と思えば、ある程度諦めもつく。一方メキシコのアボカドは、古代文明の時代から食べられてきて、地域の食文化の礎を成すものだ。食はアイデンティティといわれるし、それほど重要な食材が脅かされているというのは、心穏やかではいられない。

◆将来にわたる水不足の懸念

さらに深刻な問題は、将来にわたっていいアボカドが食べられなくなる可能性があるということだ。過剰な耕作は土地を劣化させ、その変化は巻き戻しできるものではない。

たとえば、水資源問題。アボカドは、生育に多量の水を必要とする植物だ。アボカドの果実1キログラムを収穫するのに必要な水の量は、約1981リットルにもなるという*42(図18)。モノやサービスを消費する過程で使用された水の総量を測るこの概念をウォーターフットプリントというが、内訳は、グリーンウォーター(雨水など植物に自然に取り込まれる水)が849リットル、ブルーウォーター(地下水や河川・湖の水など灌漑のために汲み上げて使われる水)が283リットル、そしてグレーウォーター(肥料や農薬により汚染された水を無

図18　**1kgを生産するのに必要な水の量**

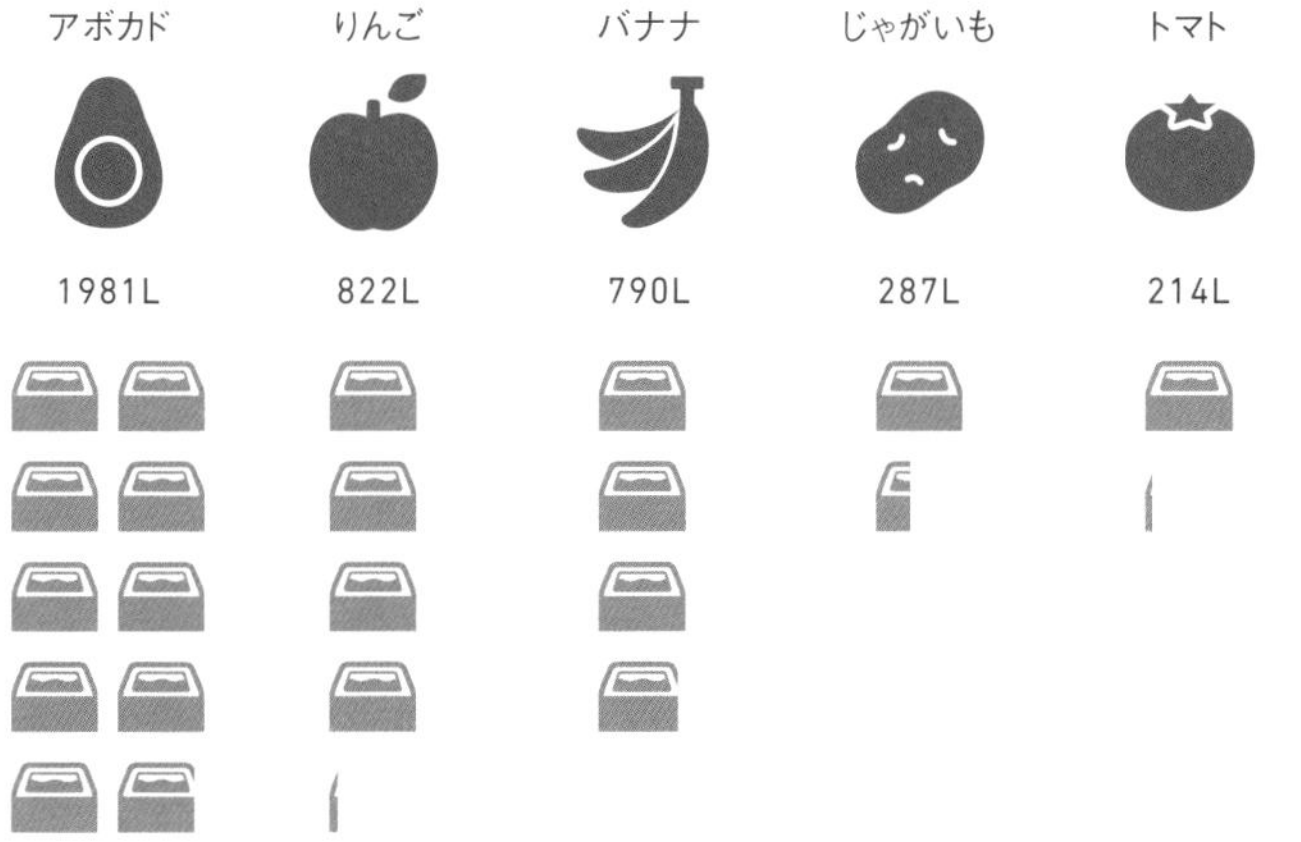

Mekonnen and Hoekstra（2010）より筆者作成
数値は世界平均、グリーンウォーター、ブルーウォーター、グレーウォーターの合計
浴槽1杯＝200L

害なレベルまで希釈するのに必要な水）が８４９リットルだ。数字が大きすぎてよくわからないけれど、単純に比較すると、バナナの2倍以上、トマトの10倍近くも水を飲むのだ。

　それゆえに、アボカドが栽培できる土地は限られ、メキシコのアボカド生産量の約8割は中西部のミチョアカン州に集中している。しかしそのミチョアカン州でも、世界的な需要に応えるように生産が拡大し、もはや雨水だけではまかないきれない。河川や地下水の過剰利用による水不足が懸念されている。[*43]

◆森林伐採による生物多様性の危機

また、農地拡大による森林伐採も問題になっている。お金になるとわかったら、もっと畑を広げて生産量を増やそうと考えるものだ。ミチョアカン州では、毎年6000〜8000ヘクタールの森林が伐採されてアボカド畑に転換されていると連邦環境保護監査局（PROFEPA）が2016年に発表した。[*44] 一方でメキシコという国は、その気候と地形から世界有数の生物多様性を誇る豊かな国で、世界の動物種の約10パーセントが生息すると推計されている。[*45] つまり、アボカド栽培拡大の代償として、多様な生物のすみかであり、国の財産といえる森林が失われていっているのだ。

だからといって、簡単には止められない状況もある。ミチョアカン州は、メキシコ32州の中でも5番目くらいに貧困率が高く、8・41パーセントもの人が1日1・9ドル以下で生活する極度の貧困状態にいる。[*46] 大きな産業はなく、多くの人は農業に従事している。生きていくためには、そして家族を養うお金を得るためには、森林を切り拓き畑を広げなければならない。

◆緑の黄金、麻薬組織の新たな資金源

そして、すべての問題の根底に流れ、事を複雑化させているのが、麻薬組織の関与だ。メキシコは、その立地から、昔から麻薬取引が組織的に行われてきた国でもある。アメリカ大陸では、コロンビアとペルーとボリビアでコカインが、メキシコでヘロインが、それぞれ生産されている。中南米で生産された麻薬を北米および世界の市場に運ぶ中継地として、メキシコが要衝となっているのだ。そうした経緯でメキシコは麻薬カルテルが活動する場となってきたが、彼らが近年新たな資金源として目につけたのが、アボカドなのだ。

アボカド農家を訪れ、その家族を人質にとり、土地や売り上げに対して手数料を支払うことを約束させる。農家は、従わないわけにいかない。麻薬に代わる次の資金源という意味で、アボカドは"Green Gold"（緑の黄金）とも呼ばれる。

働いても働いても、森林を切り拓いてまで耕しても、その先にあるのは豊かな生活ではなく家族の危険かもしれないのだ。私は麻薬はやらないが、アボカドは食べる。私が今夜ワカモレを食べることが、あるいはファストフード店でアボカドバーガーを注文することが、麻薬カルテルの資金源になり生産者の生活を脅かしているかもしれないのだ。

◆環境によいは本当に〝よい〟のか？

ところで、メキシコの市場で買ってくるアボカドは、木で完熟しただけあって、ねっとりして濃厚で甘みがあって非常においしい。これをスープやタコスに加えると、豊かな香りと脂肪分が広がり料理が格段においしくなる。やっぱり、メキシコの食卓にいいアボカドが上り続ける未来であってほしい。

しかし、では我々がアボカドを買うのをやめればよいかといったら、そういう単純な話でもないように思う。おいしいし、健康そうだし、カフェメニューのアボカドは客を惹きつける材料だ。また近年増えているプラントベース（植物由来）のケーキやお菓子でも、卵や乳製品の代わりにアボカドがよく使われ、ますます食ビジネスでは重要な食材になってきている。加えて、メキシコのアボカド栽培に従事しているのは低所得者層が多く、単にアボカド需要を途絶えさせることはその人たちの生計を脅かすことになるという面もある。

さらに強調したいのは、こういった問題は、何もアボカドに限ったことではなく多くの食品に関して起こっているということだ。世界中で大豆需要が高まっているが、その世界的産地であるブラジルでは大豆畑を拡大するためにアマゾンの森林が伐採され、２０１９年以降熱帯雨林火災が急増している。大豆需要の背景にあるのは、中国等の経済発展により肉食が増えて飼料用大豆粕が必要になっていることもあるが、大豆ミートなどのプラントベース食品の需要が世界的に高まっていることも無視できない。たとえば環境配慮から牛乳を植物性ミルクに切り替える人もいるが、アーモンドミルクの原料となるアーモンドも水を多く必要とする作物で、世界の生産量の8割を生産するアメリカ・カリフォルニア州では、過度な地下水の汲み上げにより地盤沈下が加速している。[*47]

大豆ミートもアーモンドミルクも、肉や乳への代替品という面があるが、果たして従来の畜産よりましといえるのだろうか。

環境や健康や動物倫理の観点から、よかれと思った選択が、思わぬところでよくない結果をもたらすこともある。何か一つやめたらいいというシンプルな話ではない。食の社会課題に万能薬はないけれど、食べるものの先への想像力を、持っていたい。

Column 3

世界のサバ缶30種を食べ比べてみた

魚介缶といえばツナ缶だと思ってきたのだけれど、どうやらもう過去の話らしい。日本缶詰びん詰レトルト食品協会のデータによると、魚介缶の生産量は、2016年に不動の王者ツナを抜いてサバが一位に躍り出た[*48]（図19）。

サバ缶ブームはこれまでにも何度かあったが、2017年頃からの第三次サバ缶ブームは社会現象といえるほど大きなものだった。背景には、青魚に含まれる不飽和脂肪酸への美容・健康効果の期待に加えて、生の魚よりも安価で、日持ちがし、さらに調理が手軽などという利便性からの理由もある。サバ缶はツナ缶に勝っただけではなく、生の青魚の市場をも食っていたのだ。

ちなみに、日本は世界でも有数のサバ消費国で、漁獲高は中国に次いで世界第二位（FAO、2020年）。生だけでなく、缶詰でも加工品でも、あらゆる形でサバを食べる日本人のサバ好きは大したものだ。鮮魚離れが進む中、サバ缶は今や日本の食卓になくては

図19　**水産缶詰生産量の推移**

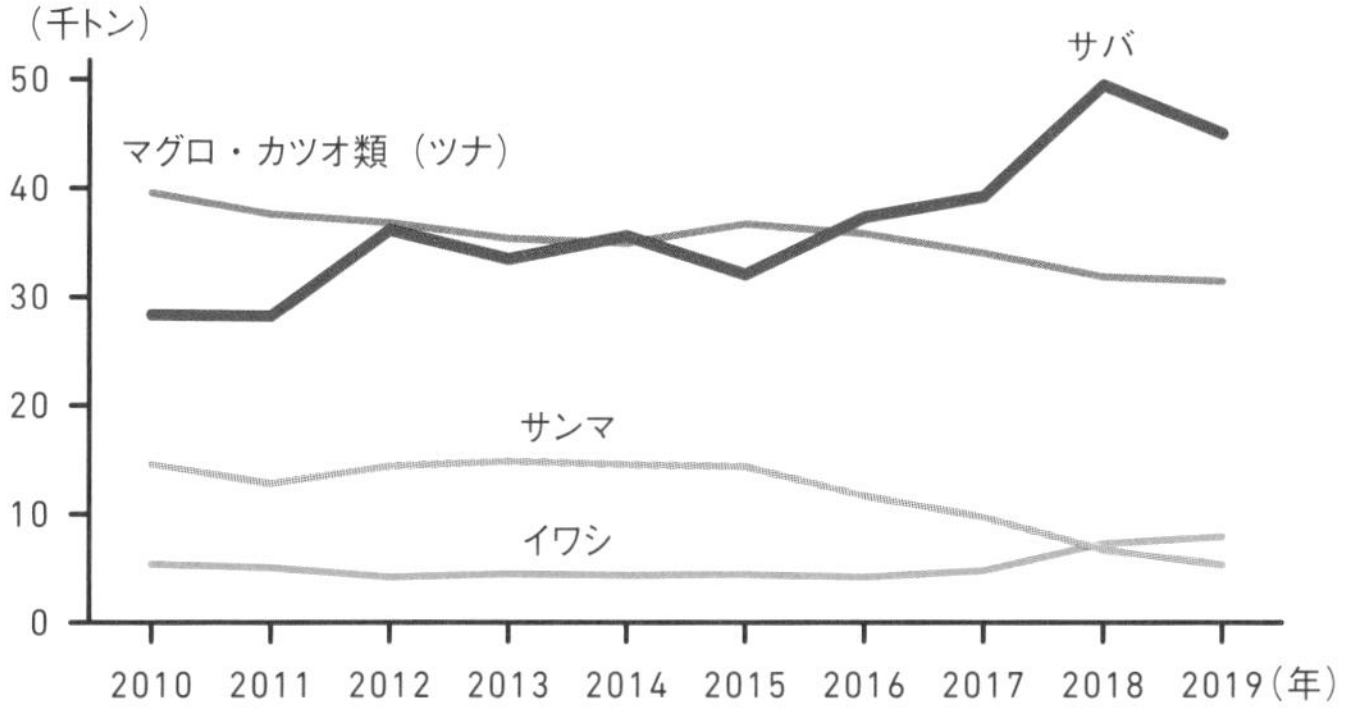

日本缶詰びん詰レトルト食品協会「国内生産数量統計（2021年）」*48より筆者作成

左からマレーシア、ノルウェー、中国のサバ缶。缶の形も日本のと違う。

ならない「令和の魚」とすら言えよう。

ところでこのサバ缶、日本だけでなく実は世界各地でも食べられているというのはご存じだろうか。いや、海はつながっているから当たり前と言えば当たり前なのだけれど、世界のサバ缶はどんな味でどう食べるのか、考えたことはあるだろうか。

あるとき気になって、全日本さば連合会（全さば連）のながさき一生氏と池田陽子氏とともに、世界のサバ缶を集めて食べ比べた。全さば連は、２０１３年に結成された団体だ。私もそれなりに世界のサバ缶を持っているつもりだったが、サバ好きお二人の収蔵品はそれを凌駕していた。

集まった缶詰は30種類あまり。日本の食材店で買ったものが大半で、一部海外で買ってきたものがある。並べてみると、缶詰の形状からしてもう違う。日本のは背の低い円筒型が一般的だけれど、アジアやアフリカでは缶コーヒーのような細長い円筒で、中にはトマト缶のような大きいものもある。ヨーロッパは、オイルサーディン缶のような平たくて四角いものが多い。

味付けは、形以上に驚きが多い。大きく分類すると、水煮・トマト煮・その他の三つに分けられるのだが、意外だったのは、世界では水煮以上にトマト煮が多いこと。アジアにもアフリカにもヨーロッパにもサバトマト缶はあって、トマトバジル、チリトマト、にんにくトマトなどのバリエーションもある。青魚で臭みがある上に、生だと品質の低下が著しく早いから、トマトの強い味で覆い隠すのが都合がよいのだろうか。味噌煮と同じ発想だ。加えて、魚に含まれるうま味成分イノシン酸は、トマトのうま味成分グアニル酸とあわさって、うま味の相乗効果が期待できる。サバとトマトは案外相性がいいのだ。その他の味付けは、レモンバジル、ココナッツ煮など。いずれも香りの強いものが並ぶ。

さあ、いよいよ開封。缶を開けると、たとえ同じ「サバのトマト煮」でも、おそろしく多様な味と姿のバリエーションがあることに驚いた。いくつか、レビューしてみたい。

日本（水煮）

見慣れたサバ缶。身は筒切りになって詰められている。他国のものと比べて気づくのは、身が崩れたり皮が破れたりしていなくて形が美しいこと。

中国・龍一（トマト煮）

トマト缶サイズの大きな円筒形の缶を開けると、めざしよりひとまわり大きい程度のサバを半分に切ったものがごろごろ入っている。見慣れたものよりだいぶ小柄だ。

味は、トマトソース煮というよりもトマト水に浸かっている感じで、良くも悪くも魚の味がダイレクトに感じられる。言い換えると、残念ながら魚臭さが際立つ。ながさき氏曰く、魚の鮮度があまりよくないそうだ。

マレーシアなど・Ayam《アヤム》 Brand《ブランド》（トマト煮）

缶コーヒーのような縦長缶に、中国のと同じくらい小柄なサバが筒切りになって入っている。中国のものと並べてみると、皮が全く剝がれておらず美しい形のまま留まっている。形は美しいのだが、その微動だにしない様子は身の硬さをそのまま反映していた。身はなまり節のように硬くて、それに対してソースはとろっとかなり濃厚で、ゆえに箸を入れるとその身は真っ白なまま全く味が染みていない。こうも頑なに魚がソースにバリアを張るのは、加熱方法のせいなのか、身の性質なのか。

ノルウェー・Stabburet《スタブラ》（トマトバジル煮）

缶の形が、他の二つとはだいぶ違う。アンチョビのような平たい長方形のプルトップ缶で、ヨーロッパのサバ缶はほとんどこの形だった。開けると中には骨を外したフィレの姿でサバが入っている。身は臭みがなく、他の二つより身が柔らかく脂が乗っている印象。トマトソースはしっかり味と風味があって、ソースごとパンに乗せて食べたい。

ちなみに、Ayam Brand と Stabburet は、ホームページを見ても水煮缶は販売しておらず、代わりにトマト味は何種類か展開している。やはり、サバにはトマトなのだ。

ずらっと並んだ30缶を次々に開け、比較しながら食べていると、こうも多様な大きさと

上：中国・龍一
中：マレーシアなど・Ayam Brand
下：ノルウェー・Stabburet

形があるものかと感心してしまう。

全体的な傾向としては、ヨーロッパのものはフィレになっていて、魚体は大小さまざま。一方アジアは筒切りのものが多く、これもだいぶ幅があるけれど、傾向としては魚体は小さめだ。ヨーロッパの方が脂が乗っていて柔らかく、アジアの方がしまっている印象がある。この違いはどこからくるのか。もちろん食文化や調理方法のスタイルの違いもあるけれど、漁業の違いにもあるようだ。

日本のサバ捕獲状況は？

日本のサバ漁の状況を見ると、世界有数の輸入国でありながら、輸出国でもある。日本国内で人気があるのは、脂が乗った大型のノルウェー産。ヨーロッパ諸国では、水産資源保護の観点から、大きく育ったサバのみを捕獲するようになっており、その大きくて脂の乗ったサバを輸入して私たちが食べている。一方、日本はサバの漁獲量世界第二位であるものの、まだ脂の乗っていない小型のものを捕獲して、アフリカやアジアに輸出しているのだ。これが持続可能な漁業かと問われたら、ちょっと悩む。

漁業の資源管理制度の違いも明らかで、ヨーロッパでは魚種ごとに漁獲可能量を決めてそれを漁業者や漁船ごとに個別に割り当てている（個別割り当て方式）のに対し、日本は漁獲可能量を定めているのは数魚種のみだ。その数魚種も、漁業者ごと個別に量を割り当てるのではなく、全体の漁獲高が上限に達したら操業を停止させるという方法（非個別割り当て方式）だ。すなわち早い者勝ちなので、「ならば早いうちに、魚体が小さくても捕ってしまおう」という状況が起こりやすい。経済学で言うところの、コモンズ（共有地）の悲劇というやつだ。では、ヨーロッパ式の資源管理の方が、漁業国としての歴史を積んできた日本よりも優れているといえるのだろうか。

「そう単純な話ではないんですよ」と教えてくれたのは先ほどのながさき氏。「ヨーロッパと日本では、そもそもの食文化や漁業の状況が違う。日本は魚種が多いから、そのすべてに関して漁獲可能量を定めるのは現実的でない。その代わりに、漁業を免許制にすることで入り口でコントロールをしているんです」。なるほど確かに、ヨーロッパ北部でよく食べる魚といえば、タラとサーモンとニシンくらい。魚の漢字がクイズになるほどに魚種の多い日本とは状況が違う。とはいえ、漁業技術の向上によって漁船の隻数やトン数による制限が限界を迎えているのも事実で、２０２０年の新漁業法では個別割り当て方式の指定魚種も拡充していく方針が示されている。*49

また、大きく育った魚を獲るのがよいかというと、その限りでもないという。「大きい魚をよしとするのは、肉中心の欧米的価値観で、日本やアジアの文化にそのまま押し付けられるものではない」。言われてみればその通りで、コハダは小さい時の方が価値が高いし、小さい魚ならではの調理法や味わい方も多くある。

「小さい魚の味わいが評価されるようになれば、漁業者は生計を立てるために必要以上の資源を獲る必要がなくなる」。確かにその通りだ。私たちは必ずしも、お腹を満たすために魚を食べているのではないのだ。また、食ったり食われたりの海のエコシステムの中で、どの段階で捕獲するのが資源的に効率がよいのかは魚種によっても異なり、「大きく育ててから獲るのが効率がいい」という生け簀的発想がそのまま当てはまるわけでもないという。

そんな話を聞くと、しばしば小中学校で出張授業をしている私には、目の前のサバ缶が教材に見えてくる。たった百数十円のサバ缶すらも、世界の海につながる題材になるのだから、本当に日常の食卓は探検の種にあふれている。

第4章 食の創造性

フィンランド

パンケーキ作りに透けて見える子ども中心教育

子どもの頃、テンションの上がる日曜日の朝食といったら、ホットケーキだった。おたまを持たせてもらって、大きなホットプレートに4〜5枚一気に焼いたものだ。はるか昔のことで細かい記憶はないけれど、生地の泡が膨らんで3つ弾けたらひっくり返していいよと教わって、じーっと泡を見ていたのを覚えている。卵の割り方も、生地を注ぐ前におたまで底をすくって混ぜることも、ホットケーキで教わった。まん丸になって、美しい色に焼き上がった時の、あの喜びといったら！　最近のおしゃれなカフェでは、「ホットケーキ」という響きに古臭いイメージがあるからなのか「パンケーキ」という呼び名が使われることが多いけれど、私の思い出は「ホットケーキ」だ。

ところが大人になってから、「ホットケーキ」は和製英語で、英語的には「パンケーキ」が正しいと知った。フライパンで焼くケーキだから、パンケーキ。思い出が否定されたようで悲しかったが、そのうち世界にはさまざまなパンケーキが存在していることを知り、私のホットケーキもその一部なんだと思うとうれしくなった。

◆キッチンも即興で創作

北欧フィンランドでも、そんな「パンケーキのきょうだい」に出会った。お世話になったハコネン一家の四人家族は、首都ヘルシンキから車で3時間ほどの町ヤムサに住んでいる。人口は2万人ほどで、家と家の距離も数十メートルあってゆったりしている。家のすぐそばには森や湖があり、庭の物置にはアウトドア用品がぎっしり詰まっている。子どもたちは庭のトランポリンで遊ぶのが好きで、あぐらをかいたまま跳ねるという技術を得意げに伝授してくれた。庭の先にある森には、ツリーハウスにブランコ、それに鳥のすみかなども手作りされていて、遊ぶところには事欠かない。

ある日の夕食後、カイエ母さんが「そうだ、外でレットゥを焼こう！」と素敵な提案をした。レットゥというのは、フィンランドのパンケーキだ。日曜日の朝や、おやつや夕食前の軽食などに作るもので、クレープのように薄く焼いてジャムなどをのせて食べる。家の台所でも作れるけれど、「外の強い火で鉄板で焼くおいしさには敵わない」のだという。けれどあいにく外はどしゃぶりの雨。庭のバーベキューセットは使えるはずもない。レットゥをめぐって家族会議がはじまった。

外で焼く方法をあれこれ考えだすユホ父さんと、家の台所で焼こうかと提案するカイエ。とにかくレットゥが食べたい子どもたち（妹リビアがどうやって食べようか想像を膨らます横で、兄ルーカスは条件として部屋の片付けを命じられた）。ひとしきり議論した後、それぞれの持ち場に散った。

カイエが生地を作りはじめる。グルテンフリーの小麦粉に、オーツミルク、卵、砂糖と塩少々。カイエと子どもがグルテンアレルギーと乳糖不耐症を持っているので、通常の小麦粉と牛乳が使えない。しかしこの国ではこれらの食制約を持った人が非常に多いので、代替品にはまったく困らない。カイエが生地をまぜていると、リビアが寄ってきた。「私も自分のレットゥ作る！」と言い、「卵一つだけちょうだい、ねえママ」と交渉をはじめる。カイエは、はいはいといった調子でボウルや計量カップを取り出し、リビアが一人でできるようにテーブルの上に材料を並べてあげた。

見ている私が、ちょっとドキドキしてきた。リビアは、小学校1年生を終えたばかりの8歳だ。母の指示なく、レシピもなく、自分で作ると言っているけれどそんなことができ

思うままに迷いなく生地を作るリビア。レシピはない。

るのか。

卵を割り、オーツミルクとグルテンフリーの小麦粉を加えるリビア。カイエは砂糖を加えていたけれど、リビアは「シロップの方がおいしくできると思うの！」と言って、カイエのアガベシロップを棚から取り出してくる。母の生地作りを見ていたのかいなかったのか、迷いのない手つきで全然違ったものを作っていく。テーブルには粉が飛び散り、生地は母のよりもだいぶ濃く仕上がっているけれど、カイエは口出しせず、テーブルを掃除する。

そのとき、玄関の扉が開き、表に出ていたユホが戻ってきた。カイエと二言三言交わし、カイエがにやっと笑ってこっちを見た。「ユホがキッチンで特許をとったみたいだよ。見ておいで」。ユホについて外に出て行くと、先ほどまで車が停まっていたガレージが空になり、そこに作業用一輪車が置かれている。その上には板を渡して鋳物ガスコンロと丸い鉄板が設置され、脇のガスボンベにつながれている。即席のレットゥキッチンだ！

「ユホ、これは発明だね！」と私が言うと、ユホは得意げな顔で説明を付け加えた。「生地を鉄板に流すだろう。それで均等に丸く広がらず一方向に流れていくようだったら、この小さな鉄片を噛ませて、鉄板が水平になるように調整するんだ」。なんと仕事が細かい。

いざ、点火。

カイエの作った生地を持ってきて、一枚一枚焼く。いい感じだ。ユホと私が外で焼いていると、カイエが様子を見に出てきた。リビアは中の台所で焼いているという。私が「自由にやらせてあげられてすごいね。私だったら口や手を出すか、ダメと言ってしまいそう」と言うと、困り顔で笑いながら教えてくれた。

「自分が『ダメ』って言いたくなるとき、なぜダメなのか考えてみて、合理的な説明ができない場合はやらせることにしてるの。でも、いつも葛藤よ。子どものやりたいことは自由にやらせたいけれど、怪我や火傷をしないか母としての心配もある。こちらも日々学んでいる感じ」

作業用一輪車で即席キッチンの完成!

いい色に焼けた。やっぱり、外で鉄板で焼くのは格別だ。

なるほど、子どもの「やりたい」が中心にあるのだ。

私のパンケーキの思い出といえば、子どもの頃、日曜日の朝に母と作ったものだが、卵何個をここに割って、まぜて、という母の指示のもと〝おてつだい〟をしていた。一方リビアがやっているのは、指示もレシピもない創作だ。指示を出さずに自由にやらせてみるというのは、自分の経験からすると、信じがたい。怪我や火傷のことだけでなく、高価なアガベシロップをたくさん使ってしまわないかハラハラするし、食べられないパンケーキができてしまわないかという心配もしてしまう。ここまで信頼して任せられる心理は、どこからくるのだろうか。

◆子ども中心の教育システム

人を作るのは、教育だ。フィンランドの教育を見てみたい。

国際的な学力比較の指標として、OECD（経済協力開発機構）の実施するPISAという学習到達度テストがある。読解力・数学的リテラシー・科学的リテラシーの三分野があり、フィンランドは2000年の実施開始以来、複数の分野で第一位をとって「世界一の教育」と評された。暗記やテストを中心に熾烈な受験戦争を勝ち抜くためのアジア型の教育とは異なる、子どもを中心に据えた福祉的なアプローチで高い成績を収めたことから、注目を浴びたのだ。

近年は総合順位が低下してきているものの、読解力は依然高順位を誇っている（図20）。さらに直近の2018年の調査[*50]では学習力とあわせて生活満足度にも焦点が当てられたが、フィンランドは生活満足度が非常に高かった。

興味深いのが、フィンランドでは読解力の高さが生活満足度の高さに比例しているということ。実は対象国全体では、「読解力が高い国の子どもたちは生活満足度が低く、読解力が低い国の子どもたちは生活満足度が高い」という困惑する結果になっていた（図21）。あくまでも相関関係であって「勉強すればするほど不幸せになる」という因果関係ではないが、それにしても何のために勉強しているのだろうと頭を抱えてしまう。フィンランドはその例外。身につけた読解力が、テストでいい点を取るためではなく、自ら学び考えて生活を作ることに活きていると言えるのではないだろうか。実際、フィンランドは幸福度ナンバーワンの国[*51]としても知られる。

フィンランドの教育について、ユニークな点を挙げると以下のようになる。[*52、53]

●子どもの権利を第一とする原則

特定の興味のある子も、学習困難のある子も、一人ひとりに応じたサポートが重視さ

図20

PISA学習到達度調査(2018)参加国・地域の上位ランキング

	読解力	平均得点	数学的リテラシー	平均得点	科学的リテラシー	平均得点
1	北京・上海・江蘇・浙江	555	北京・上海・江蘇・浙江	591	北京・上海・江蘇・浙江	590
2	シンガポール	549	シンガポール	569	シンガポール	551
3	マカオ	525	マカオ	558	マカオ	544
4	香港	524	香港	551	エストニア	530
5	エストニア	523	台湾	531	日本	529
6	カナダ	520	日本	527	フィンランド	522
7	フィンランド	520	韓国	526	韓国	519
8	アイルランド	518	エストニア	523	カナダ	518
9	韓国	514	オランダ	519	香港	517
10	ポーランド	512	ポーランド	516	台湾	516
11	スウェーデン	506	スイス	515	ポーランド	511
12	ニュージーランド	506	カナダ	512	ニュージーランド	508
13	アメリカ	505	デンマーク	509	スロベニア	507
14	イギリス	504	スロベニア	509	イギリス	505
15	日本	504	ベルギー	508	オランダ	503
16	オーストラリア	503	フィンランド	507	ドイツ	503
17	台湾	503	スウェーデン	502	オーストラリア	503
18	デンマーク	501	イギリス	502	アメリカ	502
19	ノルウェー	499	ノルウェー	501	スウェーデン	499
20	ドイツ	498	ドイツ	500	ベルギー	499

OECD PISA 2018 Databaseより筆者作成

れ、そのためクラスも15〜25人程度と少人数だ。学習内容を習得すること以上に、それぞれが学習目的を見つけられることが重要と考えられている。子どもが平等に扱われる権利は、憲法でも保障されているほど大事なもので、これが教育の大原則となっている。

子どもは、個人として同等に扱われなければならず、また、その成長に応じて、本人に関することに影響を及ぼすことができなければならない。（フィンランド憲法6条より抜粋）

●テストで評価しない

その原則の上に成り立つ制度として、成績評価の考え方は日本と大きく異なる。フィンランドでは7歳から日本の小学校にあたる基礎学校に入り、6年＋3年＝9年の義務教育を受けるが、この間統一のテストはほとんどなく、数値による一方的な成績評価もない。異なる興味や個性を持った他者と比べることは、個人の関心を伸ばす上で意味がないと考えられているからだ。それよりも、さまざまな学びに触れて自分の関心を発見し得意を伸ばすことに主眼が置かれているので、通知表には、先生からのお手紙のようなフィードバックが綴られる。教師の役割は、子どもを評価したり指導することではなく、関心を見つけて一緒に伸ばすことにあるのだ。

この通知表を子どもや親は大切にするらしい。訪れたある家庭では、30年前にもらった

図21

読解力と生活満足度の関係
(PISA2018のスコアによる)

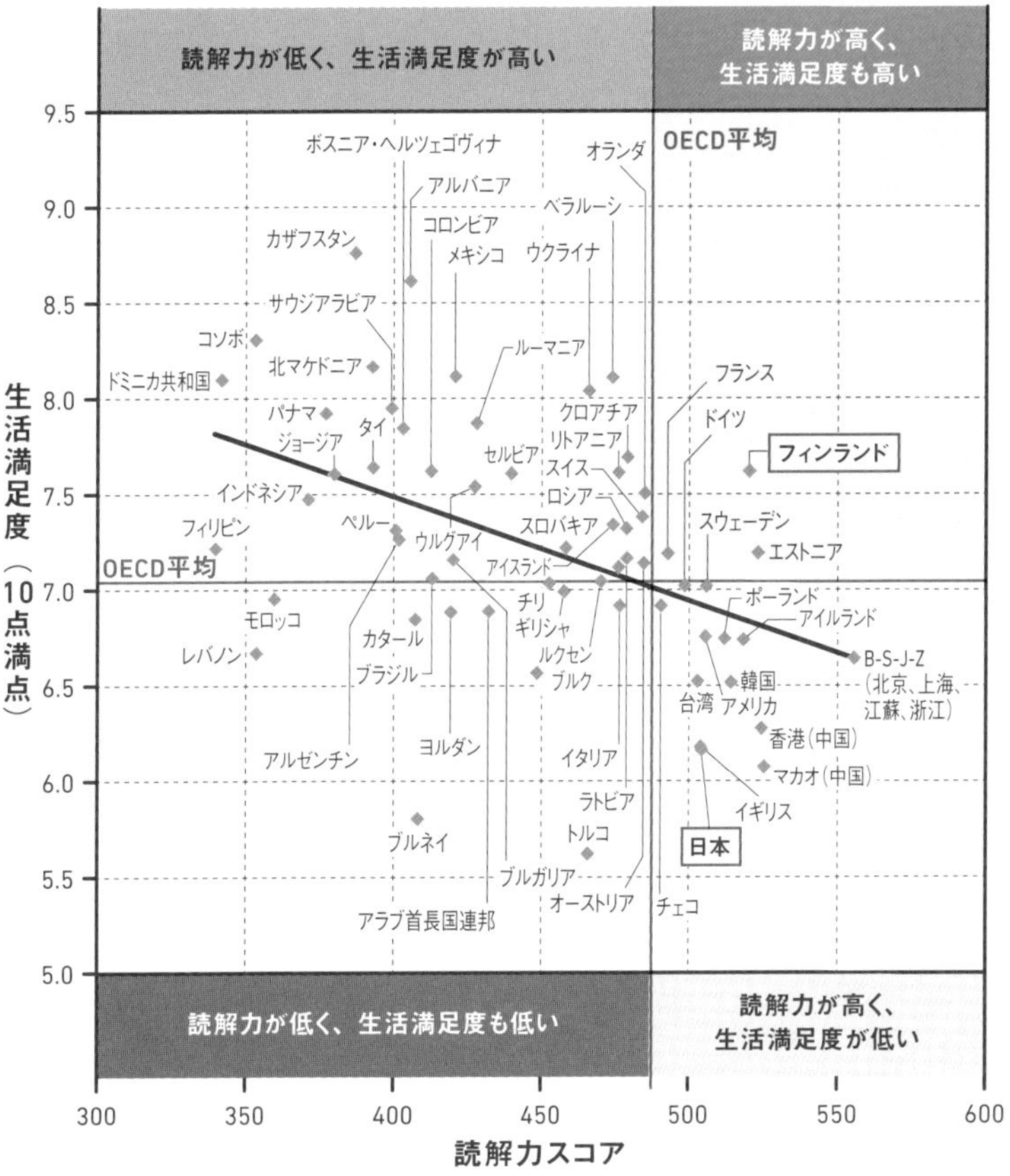

OECD PISA 2018 Databaseより筆者作成
右下がりの線は、中心的な分布傾向を示す回帰直線

通知表を見せられて驚いた。丁寧にアルバムに貼り付けて保管されていて、「息子が一番最初にもらった通知表だよ」と愛おしそうに言うのだった。

●教師は修士号以上の専門職

フィンランドにおいて教師は、医師や弁護士と並んで尊敬される職業の一つで、選び抜かれた者しかなれない。教育学部に入るための倍率は10倍で、教師になるには修士号取得が必須。教育哲学や教育社会学、それに特別支援教育も学ぶ。高いモチベーションを持った人が、十分なトレーニングを積んで教師になるから、教師に対する信頼が厚い。

その教師の役割として最も重視されているのが、学習内容を教えることではなく、子ども一人ひとりに寄り添うメンターであることだ。あくまでも子ども中心で、教師はその個性を見つけて育てることのプロフェッショナルなのだ。

●教師の裁量が大きい

信頼が厚いので、教え方など教師に委ねられるところが非常に大きい。教師は要求されることが少なく自由にできるので、子どもに合わせた学びが柔軟に作れる。そして確実に結果となって表れる。そう聞くと責任重大でプレッシャーが大きそうだが、親が教師を信頼しているから、ほとんどプレッシャーはないのだという。ある研究によると、強いプレッシャーを感じる教師は1パーセントのみで、ドイツやアメリカといった国々と比べても低い。[*54] フィンランドの小学校教師のリッカ・パッカラは、その著書『フィンランドの教育力』（学研プラス）の中で、「行政からも親からも信頼されているということが、教師のモチベーションになる」と語っている。信頼は、プレッシャーよりもモチベーションになっているのだ。

確かに、私が出会った小学校教師は、「やり方を変えたり自分で工夫しながら教えられるから、毎年やっていても飽きることがないしやりがいがあるの」といきいきと語っていた。教師が楽しそうに教えていることは、きっと生徒にも伝わる。そうして与えられた多様な機会は、子どもたち自身が好きなことを見つけるためのきっかけとなるに違いない。

●遊びは学び、図工は創作

子どもたち自身が発見した興味や課題に対して、それを深めたり解決するためのスキルも身につける機会がある。フィンランドの学校の低学年では、体を使った「遊び」が重要視される。休み時間になると全員外に飛び出して遊び、特別な理由がない限り教室に留まることは認められない。自分たちで遊び方を工夫したり、ルールを考えたり、そういった過程を通して、言語・数学・社会的なスキルを身につけていくのだ。

また、図画工作の授業も大事にされている。何でどう作るかは子どもが決める部分が大きく、そこで作られるものは実用志向が強いようだ。訪れた先々の家庭で、「これは私が数十年前に学校で作った」と真鍮《しんちゅう》製のサウナ用手桶や美しい木工の鍋敷きを自慢され、そのクオリティに驚いた。自分の手で生み出せるもののレベルが高いし、これだけ長く使われているのは、子ども主体で作りたいものを創作していることと無関係ではないだろう。

と、ここまでいろんなことがうまくいっていると、もう真似のできない別世界のように思えてもくるが、昔からうまくいっていたわけではない。１９７０年代半ばまではフィンランドの教育力レベルはＯＥＣＤ平均以下。[*55] 国が事細かに決めたカリキュラムを実施してテストで結果を求めるという中央集権的な当時の教育制度は、かつての日本の詰め込み教育と重なる。１９５０年代頃までの学校は、規律を重んじ権威主義的だった[*56]ようだが、この時期に教育を受けた人の話を聞いていると、「とにかく間違えないことが重要で、みんなと同じであろうとした」というから、フィンランドにも日本のような時代があったということだ。それが１９９０年代の教育改革で、教育の分権化が進み、子ども中心の教育になっていった。改革推進の背景には、天然資源が乏しく気候が厳しい小国で人材こそが資源だったという自然条件、ソ連崩壊後の経済低迷で失業者が増えたという社会条件などがある。それからたかだか30年。実は教育先進国になったのは最近のことなのだ。

余談だが、今だって問題はないわけではなく、落ちこぼれが少なく平等を強みとしていたフィンランド教育に格差が広がってきているのは懸念の種だ。2018年調査では、読解力の男女格差がOECD参加国中で最大だった（女子の方が高い）。遡ると2012年調査あたりから、学校間の差・親の経済状況による格差・地域格差が顕著になってきているという。フィンランドも夢の別世界ではないのだ。

◆創作レットゥに映る子どもの権利

リビアのレットゥが焼き上がった。カイエの生地を、ユホのガレージキッチンで私が焼いた合作レットゥもでき上がった。私たちのレットゥは当たり前に薄いけれど、リビアのはホットケーキのように分厚く、ずっしりしている。大きさもふた回り小さいし、見た目はだいぶ別物だ。

タイミングを見計らったように、部屋の片付けを終えたルーカスが戻ってきた。ジャムやフルーツを出してきて、いただきます。リビアが自分の焼いたレットゥを得意そうにみ

左がリビア作のレットゥ。本当においしかった。右は大人たちの合作。

んなに取り分けようとするから、最初は「おいしいって言ってあげよう」と思っていたのだが、食べてみたら菓子パンのようで、これが本当においしいのだ。思いがけず気に入ってしまい、「本当のレットゥよりこっちの方が好きかも」と本音を伝えると、リビアはますます誇らしげな様子で、最後の一枚を切り分けてカイエと私の皿に半分ずつのせてくれた。

教育制度を知ると、カイエが娘のレットゥ作りを自由にさせて見守っていたのも、納得がいく。子どもの「やりたい」は権利であり、大人の指示のもとに「手伝う」ものではないのだ。「昔はもっと手助けが必要だったけれど、あの子はもう経験を積んでいるから、今はある程度自由にやらせて大丈夫だとわかってる」とカイエは言う。リビアは、最近ますます料理やお菓子作りを追究しているらしい。

このレットゥに限らず、フィンランド滞在中、どの家庭もとにかくレシピに執着がないのが印象的だった。レシピに従うという考えが薄くて、見たとしても参考程度。〝いいレシピ本〟や〝わが家のレシピ〟があるのではなく、自由に生地を開発したり、キッチンを創作したり、家族一人ひとりの「やりたい」によって料理が生み出される。

私のホットケーキもいい思い出だけれど、創作的なレットゥ作りは、なんとも力強くて楽しくて、この国らしさを象徴しているパンケーキだった。

ベトナム

代替肉のルーツを探して寺の台所へ

◆大豆ミートへの疑問

きっかけは、「どうして肉に似せたものを食べるのだろう」という疑問だった。

ここ数年で、外食のメニューで「ソイ（大豆）ミート」「プラントベース（植物由来の）ミート」の文字を目にすることが、とみに増えた。代替肉というやつだ。はじめは感度の高いカフェなどからだったが、2020年頃からモスバーガーがグリーンバーガーを発売し、ドトールも大豆ミートの全粒粉サンドを発売するなど、誰もが知っているようなチェーン店の参入により、一気に身近なものになった。これらの商品に対するほめ言葉は、「まるで肉みたい」「豆臭くない」。皮肉なことに、豆から作られているのに豆っぽくないことが評価されるのだ。豆もきっとアイデンティティクライシスなことだろう。

メニューに見つけると、私もしばしば注文する。環境や健康のことはさておき、元々肉汁滴る肉肉しい肉が苦手で、大豆ミートの方がライトで好みなのだ。おいしい商品はおいしいし、自分で作れたら楽しそうだ。そこで、ゼロから大豆ミートのハンバーガーを作ろうと調べたことがあるのだが、作り方を知って諦めた。高圧の機械等が必要で、到底家の台所でできるものではなかったのだ。スーパーに売っている大豆ミートのハンバーグのパッケージ裏を見るとやたらと長い原材料リストが書かれているし、なかなかに無理をして作られている。

そんな事情を知るにつけ、代替肉への疑問がもやもやと膨らんでいった。動物を殺したくないという気持ちも、環境のために肉を食べたくないという主張も、よくわかる。しかし、なぜわざわざ豆を肉に似せるのか。何も、人間の手では再現できないほど高度な加工をして豆を肉に近づけなくても、豆は豆として食べて十分おいしいし、豆腐やがんもどきや厚揚げといった昔からの大豆製品もある。どうして肉に似せたものを食べるのだろう。

ところが歴史を振り返ってみれば、肉に似せるのは決して新しいことではない。仏教には精進料理という肉を使わない食事があり、その中には豆腐や山芋を使ってうなぎの形に仕上げる「うなぎもどき」や、赤蒟蒻《こんにゃく》をマグロに見立てた「マグロの刺身もどき」といったもどき料理がある。

さらに世界に目を向けると、仏教が浸透している他の国には、より手の込んだ料理があるらしい。台湾の素食やベトナムの ăn chay（精進料理）では、鶏の丸焼きや魚の姿煮といった大きな料理も、姿形を全く似せて植物性原料で作ってしまうと本で読んだ。そのような伝統的もどき料理が生まれた経緯や作られる現場を知れば、現在起こっている代替肉ブームの裏にある「肉に似せたものを食べる心理」がもう少し理解できるのではないか――。そんなことを考えて、ベトナムに飛んだ。

◆寺で出会ったもどき料理

目指す先は、ベトナム中部の街フエ。古都であり寺が多いから、街全体がなんとなく奈良や京都のような落ち着いた雰囲気だ。大きなものから小さなものまで数百の寺があるのだが、たどり着いたのは、尼さん二人だけのトーラウ寺という小さなお寺。ここは埼玉県にある大恩寺の尼僧さんの知り合いがいる寺で、紹介してもらったのだ。

出迎えてくれたのは、背も歳も私と同じくらいのデウ尼。僧服を着せてもらったものの仏教のことをまったく知らずどう振舞っていいかわからない私を、お姉さんのようにいつも気にかけて面倒を見てくれた。もう一人のラック尼は十歳ほど年上で、声が低いからはじめはこわいなと思ったけれど、よく冗談を言うお茶目な人だった。

そんな二人の尼と、朝4時に起きてお経を読んだり法事に出かけたりして夜10時に寝るといった生活を十日間ほどともにした。食事はもちろん精進料理。本堂の奥の台所で一緒に作って一緒に食べた。

この寺での料理で特に圧巻だったのは、仏誕祭の日の食事だ。仏誕祭は、仏陀の誕生を祝うお祭りで、仏教行事の中では最も重要なものと位置付けられている。日本では花まつりや灌仏会《かんぶつえ》としてお寺だけで行う小さな行事だけれど、ベトナムではイベントがあちこちで開かれたりパレードが行われたりして、街全体がお祭りムードになる。普段寺に行かない人もこの日は寺に集い、読経を聞き、そしてその後の食事をともにする。大勢集うこともあって、この食事の用意も、朝から人が集まって行われる大イベントだ。

バン・ボック・ロクは、タピオカのもちもち生地に具材を入れてバナナの葉で包んで蒸したひと口大のおかずで、仏誕祭の数日前に数百個ほど手包みした。透き通った生地の中に見える具材は〈にんじん・揚げ豆腐・きくらげ〉のセットで、これは〈えび・豚肉・きくらげ〉という非精進バージョンのものに似せている。

ブン・リウはカニ味噌入りの汁麺だが、これの精進バージョンはラック尼の自慢の料理だ。トマトを油で炒めると赤い油ができ、そこに他の具材や水、おぼろ豆腐を加えると、赤い油に包まれたふわふわしたものが浮いてカニ味噌を入れたかのような見た目になる。

ジャックフルーツの若い実を蒸して裂いた鶏ささみサラダもどき、それにどこから出てきたのか精進ハム二種類。他にも肉なしの肉まんや和え物など、一見それとわからないよ

仏誕祭の食事。読経が終わると本堂の床に皿が並び、食堂に早変わり。

精進バン・ボック・ロク。揚げたにんじんはエビと錯覚する甘さ。

うな菜食の料理がぎっしり並び、読経が終わった後の本堂は、たちまち数十人の食事の場になった。

私も交ぜてもらって一緒に食べたのだけれど、これがどれもおいしい。しかも食べ応えがあり、一つ一つ楽しい。バン・ボック・ロクのにんじんは、一度揚げて味付けしてあるから、驚くほど甘みとうまみがあって、エビかと錯覚する。ブン・リウのおぼろ豆腐は、カニ味噌の味はしないけれど、見た目を裏切らない食感としっかりした味があって精進料理ということを忘れる。興奮しながら食べていたら、周りの人たちが「これも食べなさい、こっちも、もっと！」と次々に勧めてくれて、お腹がかなりいっぱいになった。

夕方、皆が帰った後に二人の尼に、気になっていたことを尋ねてみた。

「どうして肉みたいなものを食べるの？　やっぱり肉を食べたいの？」

言葉を選びながら、おそるおそる尋ねる私に、ラック尼さんはあっけらかんと笑って答えた。

「違うよ。私たちは肉を食べたいと思わない。むしろ野菜を野菜らしく食べている方が心穏やかでいられるから。こういう肉みたいな精進料理を作るのは、お寺に来る人のためだよ」

わかったようでわからない。お寺に来る人にとって、野菜を野菜らしく食べる精進料理の何が問題なのだろうか。

◆「私は菜食、月に2回」

ラック尼の言葉を理解するために、ベトナムの仏教と菜食事情を見てみたい。

ベトナムは仏教徒の多い国だ。数字の幅はあるが、おおむね8〜20パーセントくらいの人が仏教徒とされており、その多くは菜食者だ。日本ではお坊さんですら普通に肉を食べるけれど、ベトナムでは肉食する僧は絶対にいないし、一般仏教徒も菜食者が多く、街を歩いていても〝ăn chay（精進料理）〟を掲げる店が多く目につく。高級なものから日常的なものまでメニューは幅広く、屋台の麵料理や惣菜ビュッフェなどは、肉を使ったものと同じかそれより安いくらいの価格で食べられる。日本よりずっと、精進料理が日常に浸透しているようなのだ。

しかし、「私は菜食」と語る多くの人は「常に肉を食べない」のではなく「月に2回ある精進料理の日は肉を食べない」といった〝ときどき菜食〟。ちなみにこの頻度は、月に4回や10回など、どの日を採用するか人によっても違い、常に肉を食べない常時菜食者まで幅があるが、信仰の深さとは比例しない。

たまたま参加させてもらった結婚式の席では通常料理テーブルと精進料理テーブルがあ

って（そういうものらしい）、誘ってもらった精進料理テーブルの席で、菜食の人々に理由を聞いてみたら、これがまた予想外で面白い。「夫が亡くなってから供養のために肉を食べなくなった」という常時菜食の方から、「歳を取ったら菜食の方が軽くていい」という月10日菜食の方、「肉は好きだけど菜食の方が健康」という月4日菜食など、頻度も理由もさまざま。私には、肉を絶つということは大きな決心のように思えるのだけれど、「その方がいい気がするのよね、だからたまには」くらいの身軽さで菜食になるのだ。

そして、必ずしも信仰によるものだけでなく、健康のためだったり、信仰と健康がまざった理由もあるのが興味深い。お寺で出会った仏教徒の方の話で思わず笑ってしまったのは、年に一度元日の午前だけ菜食という話。「本当は毎月精進料理の日を守りたいんだけど、夫と子どもが肉を食べたがるから難しくて……せめて一年のはじめくらいはと思ってね」と少し恥ずかしそうに言う姿に、親しみを覚えた。人間、いつも理想通りには生きられないものだ。

仏教徒ではないけれど菜食（精進料理）を取り入れる人、仏教を信仰していて菜食にしたいけれど肉食との間でバランスを保っている人。理由も割合もさまざまで、一人の人間の中に肉食と菜食両方の生活が共存している様子が、私には新鮮に感じられた。

◆インドにはもどき料理がない

しかし、そもそもなぜこの土地ではこれだけ精進料理が浸透しているのだろうか。そのルーツを遡ってみると、インドに行き着く。インドといえば、ザ・菜食の国。牛肉食を禁忌とするヒンドゥー教徒が8割ほどを占め、中でも高位カーストや社会的地位の高い人はより菜食を好む傾向がある。また、世界一食戒律が厳しいと言われるジャイナ教徒（79ページ参照）も暮らしている。結果、人口の3〜4割が菜食者と、世界で最も菜食者割合が高い国となっている。

ヒンドゥー教、ジャイナ教と並んで仏教も、ここインドで生まれた。古代インドで生まれたこの三宗教には共通する重要な思想があり、それが「アヒンサー（不殺生）」だ。生き物を殺したり害したりすることを禁止する行動規範で、仏教では「不殺生戒」（注）として定められている。これが「肉をやめて菜食にしよう」というさまざまな思想の原則となっているわけだけれど、うまくできているなあと感心してしまう。インダス文明によって人口が激増したインド亜大陸において、みんなが肉を求めたら食料が足りなくなる。そこで資源効率の悪い肉を禁じ、より多くの人を養える菜食に仕向ける理屈を作り出せば、より多くの人を養うことができる。*57 社会として「こうした方がいい」ということは、いちいち説明するよりも「そういうものだ」としてしまう方がずっと効率がよく、それが宗教の戒律として定められたと考えることができる。*58 宗教の戒律というと、天が決めた絶対的なものに思えるけれど、現代では「食べるべきでないものを、宗教という問答無用のルールによって禁じている」という説が広く受け入れられており、そう考えた方が事はすっと筋が通る。

話を戻して、インドだ。インドは菜食者が多いが、もどき料理はない。ひよこ豆がゴロゴロ入った豆カレー（チャナマサラ）を食べるが、決してひよこ豆を肉に見立てたおかずやひよこ豆ハムを作ったりはしない。どうして東アジアに渡って、もどき料理が生まれたのか。なぜインド人はもどきを求めないのか。

◆もどきは菜食への第一歩？

ベトナムの寺で暮らし、尼の説法を聞き、過去のインド渡航を思い出し、本を読みあさ

注：ただし初期仏教では肉食が完全に否定されていたわけではなく、三種の浄肉であれば許されていた。三種の浄肉の条件は、その動物が、①殺されるところを見ていない　②自分のために殺されたと聞いていない　③自分のために殺されたという疑いがない。

図22

仏教公伝ルート

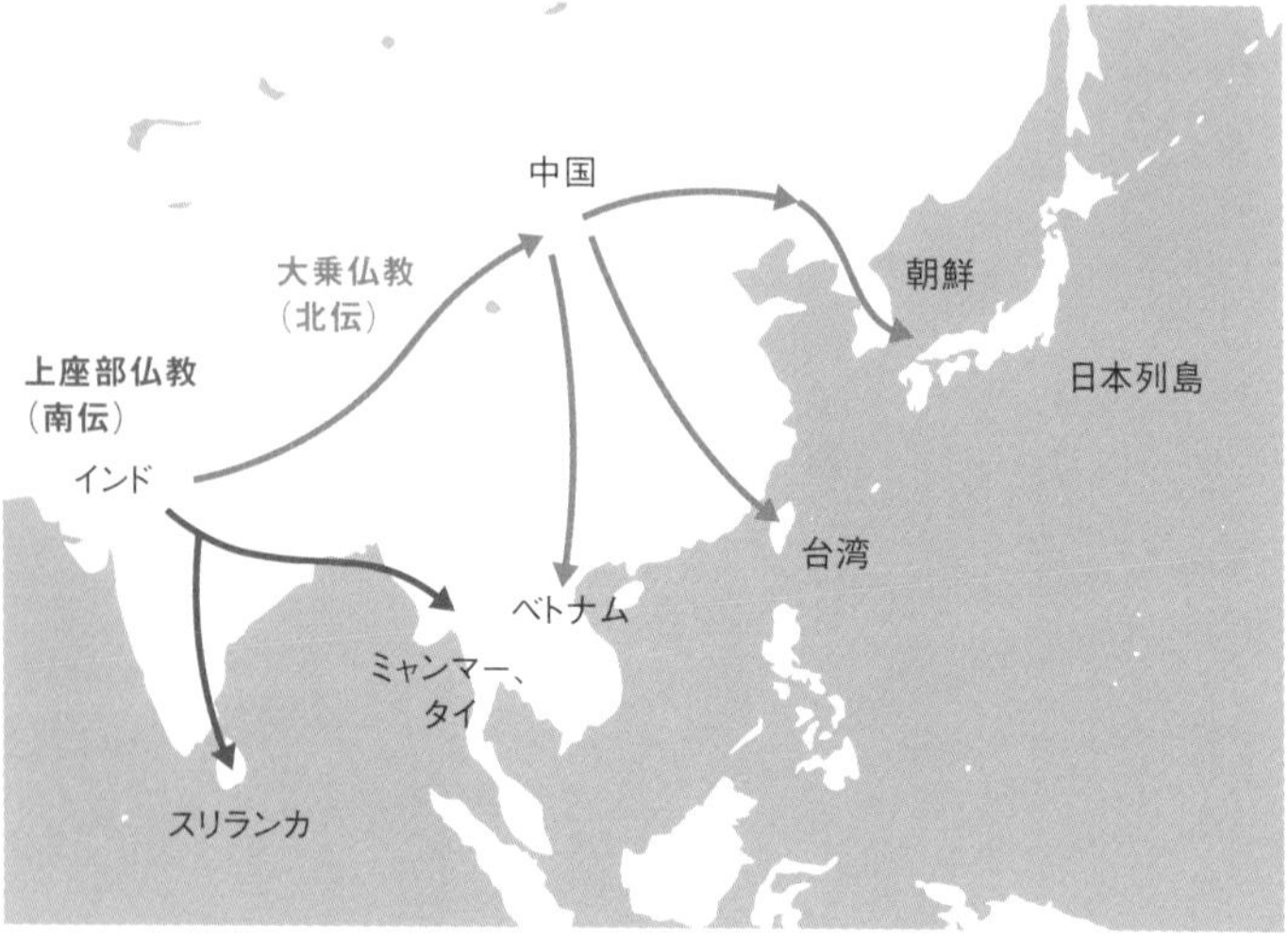

って、見えてきた答えは「ライト菜食層」の存在だった。

インドと東アジア（ベトナム含む）の事情を比べると以下のようになる。*59

- インドは托鉢《たくはつ》（僧が在家信者の家をまわり、生きるのに必要な食物を乞うことで信者に徳を積ませる修行）で食料を得ることができたが、大乗仏教が伝わった東アジアでは仏教徒層がそこまで厚くなく、僧院で料理を作る形に変化した。国家宗教として僧院に富が集中したために、高級精進料理が育った(一方、上座部仏教が伝わった東南アジアでは、僧が托鉢で食事を得る形が引き継がれ、信者から与えられる食事を選り好みしないために肉食自体の絶対禁止には至らなかった。それぞれの仏教の公伝ルートは図22)。

- インドでは牧畜が行われ、乳製品が重要なタンパク源として活用されてきた。これが稲作文化の東アジアに伝わり、稲と組み合わせて栽培しやすい大豆に置き換わった。乳製品は、そのまま、またはチーズのように固めて食べられるが、大豆はそのままだと硬くて調理時間がかかるし、消化もよくない。そこで豆腐等の加工品が発達した。豆腐は大豆版のチーズだ。
- インドの菜食者は生まれてから死ぬまでずっと菜食で、肉や魚を口にする機会はなく、牛肉食は明確に禁止されている。一方東アジアは肉食と菜食を行き来する生活も普通で、肉がすぐ手の届くところにあり、ヒンドゥー教やジャイナ教ほど完全に肉食が否定されているわけではない。

自由意志が許されている中で、人々を不殺生の世界に招き入れるにはどうするか。僧侶は仏の教えを人々に伝えるのが役目だから、不殺生の教えを説き、実際にそこに誘い込むことは彼らの重要な役割だ。そこで「肉のような菜食」が作られるようになるのは、考えてみれば自然な流れかもしれない。

お寺に人が集まる時には手の込んだもどき料理が並ぶけれど、そういえば自分たちだけの普段の食事は、野菜を煮たり炒めたりした至って普通の野菜料理を食べていた。菜食オンリーの世界に身を置いた尼たちはそれでいい。けれど菜食慣れしていない人は、「菜食は物足りない、貧しい、つまらない」という印象を抱きがちだ。そうした人にも興味を持ってもらえるように、食べたいと思ってこちらの世界に一歩踏み出せるように、そんな思いで僧たちが編み出したのがもどき料理だったと考えられるのだ。

実際私も、仏教や不殺生には一切興味がなかったけれど、もどき料理に興味を持ってはるばる海を渡ってしまったのだから、まんまと思惑にひっかかっていたわけだ。


そこまで考えて、現代の代替肉も同じことなのではと、はっとした。焼肉だハンバーガーだと肉料理を楽しんできた現代人が、今、地球環境や動物の権利のために、頭で考えて菜食になろうとしている。しかし街を歩けばあいかわらず焼肉屋やハンバーガー屋はあり、肉の誘惑は多い。そこで、これまでの食べる楽しみを諦めずに、菜食に一歩踏み入れるための移行食が、代替肉と考えられないだろうか。

「わざわざ肉のようなものを作るなんて不自然だ。肉を諦められないなら肉を食べたらい

二人の尼との普段の食事。シンプルな、野菜らしい野菜料理。

こんなものまで作れる。精進豚バラチャーシュー。

いじゃないか！」という意見もあるだろうし、「豆腐や厚揚げでよくない？」と思う人もいるだろう（私もその一人だった）。しかし、今まで食べてきた食の記憶に蓋をして、食べ応えやバリエーションを諦めなければいけないとしたら、最初の一歩で諦めなければいけないことがあまりに多い。精進料理の代替肉は、僧からのやさしさの贈り物といえよう。

第5章 食料生産

キューバ

食料配給制が残るオーガニック農業先進国

オーガニック農業といったら、どんな国を思い浮かべるだろうか。

オーガニック農業は有機農業とも呼ばれるが、化学的に合成された肥料や農薬を使わず、農業生産と生態系との調和を図る農法のことだ。世界の国々の総農地に占めるオーガニック農地割合上位国を見ると、やはり想像通りというか、ヨーロッパの国々が並ぶ（図23）。世界平均は1・6パーセントのところ、EU平均は9・1パーセント。*60 ヨーロッパでは、健康や環境や資源循環への関心から、オーガニック農業への関心は年々高まっている。ちなみに日本は0・3パーセントでケタが違う。

しかし、「オーガニック農業はヨーロッパで普及しています」という話では、おもしろく

図23　総農地に占めるオーガニック農地割合(2020年)

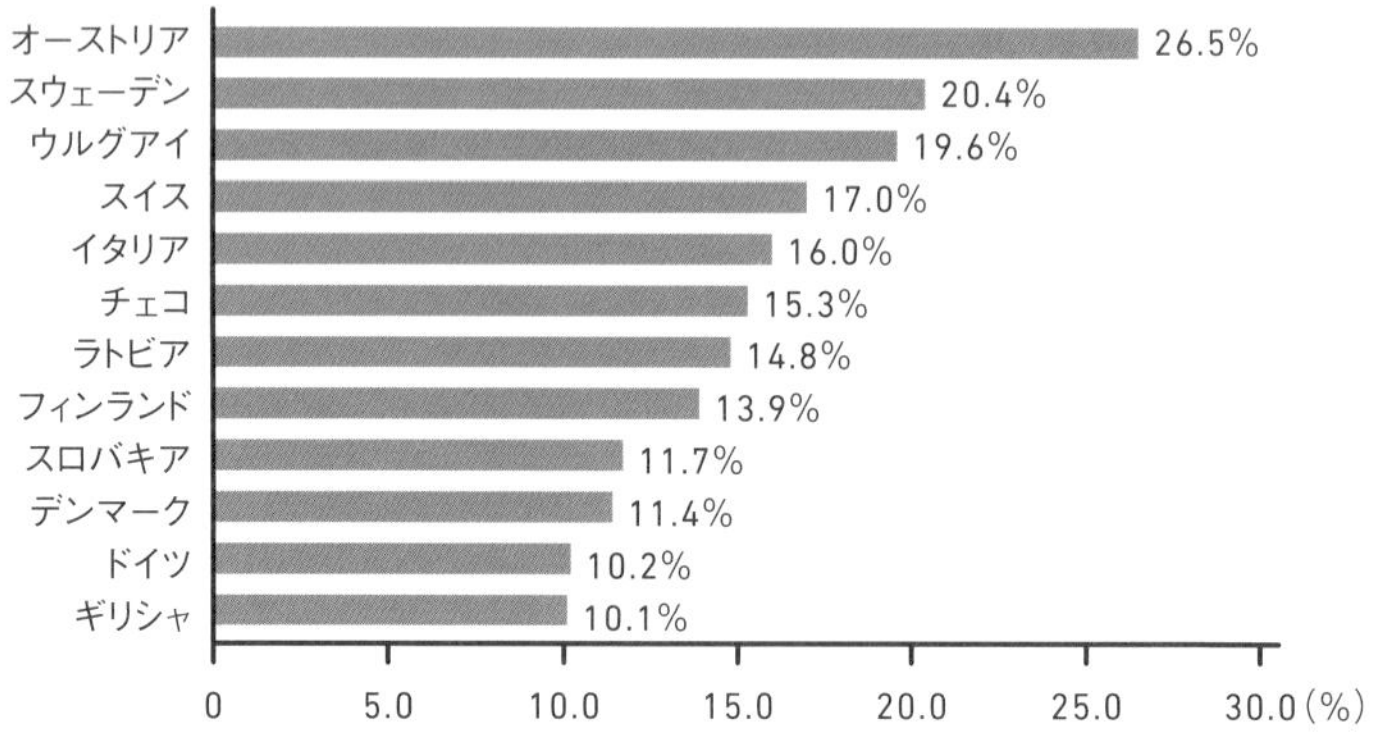

スイス有機農業研究所(FiBL)2022年調査より筆者作成*60
総農地面積100万ha以上、オーガニック農地割合10%以上の国を抽出

ない。ここでは、統計に出てこない意外なオーガニック農業先進国「キューバ」に注目してみたい。

◆時が止まったかのような街

キューバは、中南米に位置する、カリブ海に浮かぶ島国だ。空港に降り立つと、熱い風とヤシの木に迎えられる。日本の本州の半分ほどの国土に、東京の人口よりやや少ないくらいの人々（1100万人）が暮らしている。

日本人にとって馴染みのある土地でも、旅行ランキング上位に上がってくる国でもないけれど、一部の旅人にとっては憧れの場所で、「古き良き」という枕詞をつけてしばしば語られる。クラシックカーにコロニアル建築にチェ・ゲバラ、というのがその人たちの口から出てくる言葉だ。

私がこの国を訪れたのは、2018年秋。そんなのは作られたイメージだろうと思っていたのだが、首都ハバナの市街を歩くと、本当に1950年代のクラシックカーが走り、パステルカラーのコロニアル調の建物が並んでいた。70年前で時が止まったような風景は、つい写真に収めたくなる。その中を歩いていると、ブロック塀の落書きやみやげもの屋で革命家のチェ・ゲバラの顔を見る。高校の社会科の教科書で見かけたようなおぼろげな記憶しかないけれど、ここが彼の土地だったたか。

◆買い物はひと苦労

家庭の台所に入ってみると、憧れだけでは済まない一面も見えてくる。2週間ほど家庭に滞在しながら生活していて印象に残っているのは、「物がない」という状況だ。

最初にお世話になった家庭のマリリザさんは、家政婦として働きながら、高齢の母の世話をしている。彼女にくっついて市場に買い物に行った。市場といってもさほど広いわけではなく、豆とキャッサバ芋と数種類の野菜だけが売られていて小さな直売所のような雰囲気だ。マリリザは、オクラを握って念入りに硬さを確かめながら選び、インゲン豆も買って、アボカドに手を伸ばしたが「ものがよくないのに高い」と言って顔をしかめた。

市場の野菜は量り売り。天秤ばかりがいい味出している。

次の市場でアボカドを探すも、硬くて小さいと素通りし、3軒目に行った少し高級そうな市場でようやくお眼鏡にかなうものを発見。「少し高いけれど、あなたにいいものを食べさせたいからね」と言って、慎重に選んだ一つを買ってくれた。

どこの市場でも品揃えはさして変わらず、並ぶのはキューバ国内で育つ野菜や果物たち。目立つのは黒インゲン豆。肉屋には豚と鶏はあるが牛はない。想定外に手に入らないのが卵で、前年のハリケーンで養鶏場が打撃を受けたこともあり、数軒市場をはしごして探すのだという。買い物だけで、うんと時間がかかる。キューバの女性が無償家事労働に費やす時間は、1日のうちの21パーセント。これは国際的にみてもかなり上位で、日本の15パーセントと比べても長い[*61]。買い物に時間がかかることも、一因にあるのだろうか。

◆黒インゲン豆と米

買い物から帰って昼食に作ったのは、黒インゲン豆のスープ「フリホーレス・ネグロス」だ。大豆くらいの大きさの真っ黒な豆を圧力鍋で柔らかく煮たところに、にんにくや青唐辛子の香りを移した油をじゅわっと注いで風味付けし、ご飯にかけて食べる。見た目の通り、飾らぬ素朴な味わいだ。今日はそこにおかずが3品、オクラと卵の炒め物、アボカドとインゲンのサラダ、揚げプランテーン（調理用バナナ）が加わる。私がいるから、いつもよりおかずの品数が多い。この家では、肉を食べられるのは2週に一度、果物は贅沢品だという。冷蔵庫には水だけが入っていた。

それでもフリホーレス・ネグロスだけは毎日食べられるのは、黒インゲン豆と米が配給食料として全国民に提供されるからだ。彼女が「うちで一番大事なものだよ」と言って見せてくれた配給手帳には、「米5キロ、豆1キロ、油0・5キロ、砂糖3キロ……」と月々の配給で受け取る量が記されていた。この手帳を配給所に持っていくと、少しのお金と引き換えに食料がもらえるのだ。

黒インゲン豆のスープ、フリホーレス・ネグロス

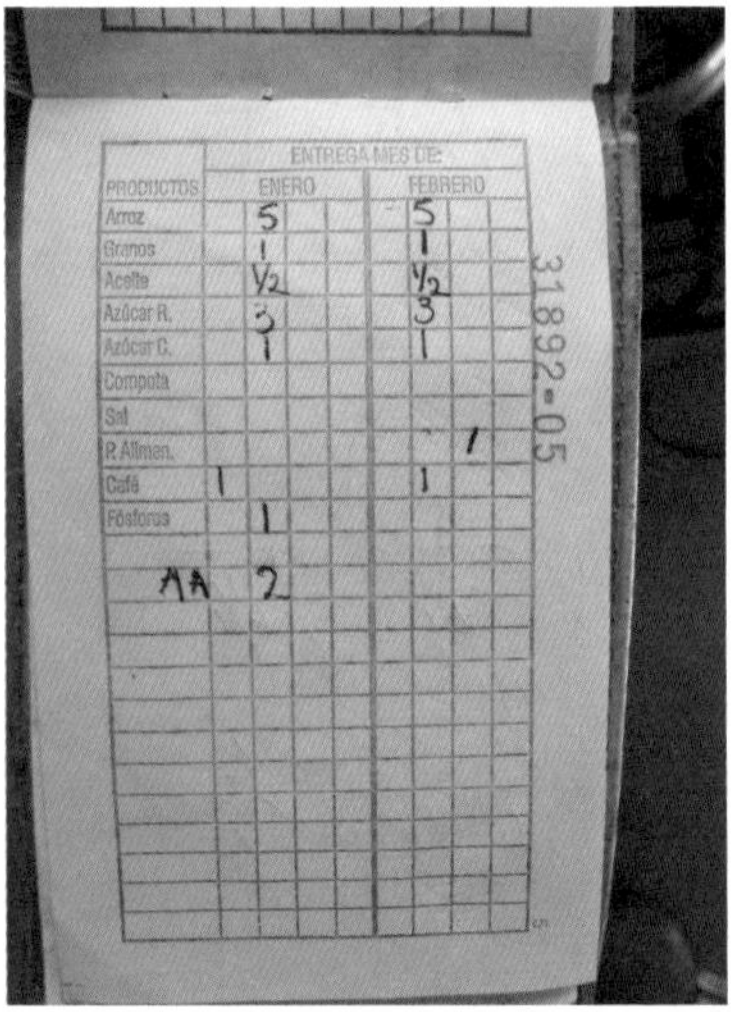

配給手帳。米と豆は、1行目と2行目に書かれている。

配給というシステムがまだ続いていることに驚きつつ、「これだけで足りるの?」と尋ねると、「量はギリギリ、生野菜はないけれど、贅沢しなければ生きることはできる」と言う。現実には、最低限の食料を配給で得つつ、それだけではあまりに味気ないので、食卓のバラエティを求めて市場でも買う。社会主義と市場経済を合体させたベーシックインカム的な仕組みが、この国のユニークな食料システムだ。

さて、このフリホーレス・ネグロス、ほんとうに毎日食卓に上る。別の日も、別の家庭でも、連日フリホーレス・ネグロス。キューバの国民食とも言われる。あまりによく食べるものだから、生産の様子から知りたくなって、農家の元を訪れた。

◆フリホーレス・ネグロスの畑へ

迎えてくれたのは、日焼け顔に麦わら帽子が似合う、農夫のティティ。三人の子どものパパでもある。畑に連れて行ってもらった。と言ってもきれいに整備された区画や道があるわけではなく、草をかき分け、時に足を傷つけながら平原を歩いていく。靴を履きなさいと言われたのに、振り切ってサンダルで来たのを後悔した。

視界が開けたと思ったら、ずっと向こうまで畑が続いている。彼の畑は、「ここからあそこのヤシの木まで」だ。植えられているのは黒インゲン豆。その合間に、忘れもののよう

ティティの黒インゲン豆の畑。

どこの市場でも、豆だけは必ず売られていた。

にとうもろこしの長い葉がぴょんぴょんと頭を見せている。輪作でこの前に植えられていたものが、こぼれて芽を出し育ったのだ。この畑では、とうもろこし・黒インゲン豆・サツマイモを輪作している。あちらの畑は、稲と飼料。異なる作物をローテーションすることで、土壌中の養分のバランスが整い、化学肥料なしでも持続的な農業ができるらしい。

別の畑では、牛が鋤《すき》をひいて畑を耕している。草が茂っているけれど、農薬は使わない。「こっちにおいで」と言って、ティティは土づくりの様子も見せてくれた。収穫した後のとうもろこしの茎や葉を一ヵ所に集め、堆肥を作っている。これが畑の栄養となる。つまり、有機肥料を使い、無農薬無化学肥料のオーガニック農業だ。その上トラクターも使わないのだから、自然農法に近くすらある。何がすごいって、これが「一部のこだわり農家の話」ではなく、農業のスタンダードとして広く行われているのだ。その仕組みやノウハウを知りたくて、ヨーロッパから視察に来る人もしばしばいるのだという。

◆オーガニック農業のはじまりにキューバ革命と米ソの影

食料確保が課題の国で、オーガニック農業とは、いったいどういうことだろうか。そんな余裕が、あるのだろうか。キューバ式オーガニック農業の成り立ちを紐解くために、歴史を見てみよう。

大航海時代以降、スペインによる植民地支配を受けてきたキューバは、奴隷制度とプランテーションの下で砂糖産業を発展させた。世界の流通量の4分の1を占める大生産国になる一方、砂糖依存の一本足打法的な経済にもなっていった。

1800年代になると、中南米地域一体で独立の機運が高まり、1902年にはキューバも独立。ただし実質的にはアメリカの保護国という扱いで、アメリカの支配するサトウキビ産業への依存はますます高まっていった。富の流出はすさまじく、1927年には、175ある精糖工場のうち75がアメリカ資本で経営され、その生産量は全体の62・5%を占めるまでになっていた。[*62] 親米政権への不満が高まり、1959年にカストロが指導者となりキューバ革命勃発。ここで活躍したのが、アルゼンチン出身のチェ・ゲバラだった。ゲリラ軍を率いて政府軍を制圧し、革命成就の英雄となった。

さて、ここからが大変。キューバ革命を経て誕生したカストロ政権は、アメリカの資本であったサトウキビ農園や精糖工場を没収して国有化する方針を発表したのだが、アメリカは当然そうさせたくない。キューバの砂糖産業から今まで得ていた巨大な利益を失うことになるからだ。そこで対抗して行ったのが、キューバからの砂糖輸入禁止措置。「作っても買わないぞ」という姿勢を見せることで、方針撤回を期待した。キューバは困った。砂糖は同国の主要輸出品であり、経済の要だ。その多くをアメリカに売っていたので、大量の砂糖が行き場所を失い、外貨を得られなくなった。

そこでアメリカに代わる売り先として急接近したのが、もう一つの大国ソ連だった。時は冷戦真っ只中。キューバの動きを見て、社会主義国家化することを懸念したアメリカは、キューバに対して禁輸措置などの経済制裁を課した。この制裁は、形や程度を変えながら今も行われており、キューバは物が安定的に入ってきにくい状況が続いている。物というのは食料だけでない。化学肥料も農薬も、トラクターを動かす燃料もだ。燃料が入ってこなかったら、トラクターはただの鉄の塊だ。そういうわけで牛耕へと回帰し、化学肥料を使わない農業を志向するようになった。キューバの有機農業は、物がない中で食料を生産するために発展した苦肉の策だったのだ。

オーガニック農業というと、相当意志のある選択のように思っていたけれど、ティティの理屈はあっさりしている。「何年も試行錯誤しているうちに、化学肥料や農薬はなくてもいいと気づいたんだ。なしでできるならそれに越したことはない」。

◆肥料・燃料を輸入に頼る日本の未来

2022年現在、世界の肥料価格は過去最高の水準に跳ね上がり、2年前に比べてほぼ3倍になった。[*63] 原因はロシアのウクライナ侵攻と、中国による輸出規制だ。化学肥料の

図24　日本の化学肥料原料：輸入相手国と輸入量

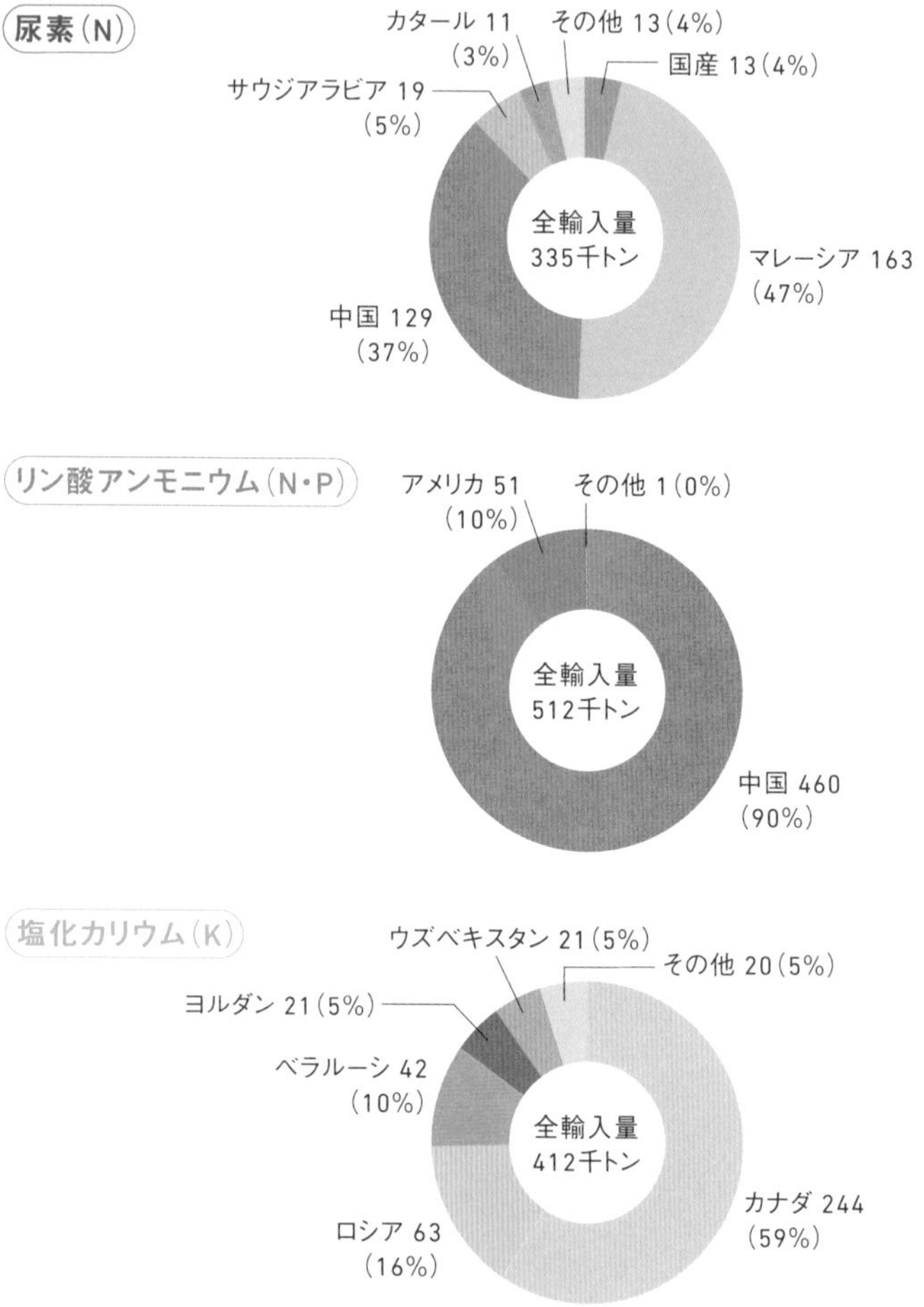

農林水産省「肥料をめぐる情勢」より筆者作成
データ元:財務省「貿易統計」等(2020年7月〜2021年6月)
単位:千トン(全体に占める割合:%)

主成分は、窒素・リン酸・カリウムで、これらの原料となる鉱物は地球上に偏在している。資源のない日本は、肥料の原料をほぼ輸入しており、リン酸アンモニウムに至っては約9割を中国一国に依存している[*64]（図24）。数年前から「肥料戦争」といわれるほど世界的に取り合うくらい需要が高まっていたところに、供給の逼迫で、肥料価格はますます高騰。かつてないほどに肥料は高くなっている[*65]。それに加えて燃料価格も、コロナ禍からの世界的な経済回復や、ウクライナ侵攻に伴うロシアの原油禁輸措置によって高騰[*66]。トラクターを動かすための燃料価格は高止まりし、食料生産もままならない状況が生まれている。

日頃あまり意識しないけれど、国産野菜であっても、生育のための飼料や燃料は海外からの輸入に頼るのが島国日本の宿命だ。コロナ禍と侵攻というたった2年ほどの出来事で、農業のための資源を特定少数の大国に頼ることのあやうさを見せつけられたように思う。食料も燃料も肥料も入ってきにくくなった。

この小さな島国の中で、外に頼らずできるだけ自立した形の農業を行うには、どうしたらよいのだろうか。もう60年も前にそれを経験したキューバは、島国農業の先輩とも言えるかもしれない。

中国・上海

安心して食べられる野菜を求めて

世界の台所で驚かされることの一つに、野菜の洗い方がある。国や地域によっては、とにかくゴシゴシ洗う。落としたい気持ちが向かう先は、目に見える泥よりも、目に見えない農薬の方が強い気がする。野菜用洗浄剤というものもあって、残留農薬除去のために使われる。野菜ゴシゴシの執着を特に強く感じた都市の一つは、中国の上海《シャンハイ》だ。

上海といえば、中国四大料理に数えられる美食都市。長江の河口に位置し、料理には魚介類が豊富に使われる。比較的温暖で穏やかな日本のような気候ということもあり、味付けも辛すぎず油っぽすぎず、小籠包や上海蟹といった日本人の口に合う料理がたくさんある。

と同時に、中国有数の商業都市という顔も持つ。女性の就業率が極めて高く、共働きが当たり前。歴史的に西洋との接点が多かったこともあって、男女平等の意識も進んでいるようだ。[*67] 子供は託児所に預け、家事は家政婦を頼むなど合理的にアウトソースする。食事だって、家で作らなければというプレッシャーがない。至る所に安い屋台がある上に、2016年頃からデリバリーサービスが大勃興して、食べるための選択肢には事欠かない。実際一人暮らしなどでは、全く料理をしないという人も少なくない。

◆家でないと食べられないもの

そんな中で出会った洪《こう》さん夫婦は、あえて毎日必ず夕飯を家で食べることを二人のルールにしている。理由は二つで、忙しい日常の中でともに過ごせるのが食卓を囲む時くらいしかないためと、外では安心して食べられる食事が限られるためだと言う。二人とも20代後半で、外で働き、夕方になると集合住宅の一室に帰ってくる。

「私は長年食関係の仕事をしてきたんだけど、調理や加工の様子を知るにつけ、外で食べられなくなったの。中国の野菜は農薬がたっぷり使われているのだけど、その野菜を、屋台やレストランでは洗わないで使うことも多い。一番安心して食べられるのは、コンビニご飯だとわかったの。それも、野菜ではなくお肉ね。おいしいわけではないけれど、衛生的。仕事のある日の昼食は、楽しむためではなく、栄養素を摂るためと割り切っているの。だから安心な野菜を食べようと思ったら、家で自分で料理するしかない」

そう言って、夕方仕事から帰ってきた彼女は台所に立つ。男女平等が進んだ上海では、男性の方が家事をすることが多いというけれど、彼女は料理が好きなのだ。

空芯菜を洗うところからはじめる。朝家を出るときに、たらいの水に浸しておいたものだ。そこに「蔬果清洗剤」と書かれた野菜用洗浄剤を少々加え、洗濯物のようにじゃぶじゃぶと洗う。きゅうりもここに浸し、入念に洗って皮を剝く。野菜をとにかくしっかり、洗うのだ。

野菜の下処理が終われば、あとは早い。中華包丁と中華鍋を軽やかに操り、話しながらも1時間足らずで夕飯を仕上げた。空芯菜の炒め物にきゅうり炒め、それに上海らしくエビ類を炒め煮にしたもの。きゅうり炒めは、さっぱりした塩味にコリコリ食感が心地よくて、箸をのばす手が止まらない。彼女の話を聞いた後で、「安心な野菜をここで食べておかなければ」と欲が出ていたかもしれない。

食べ終わったら、二人連れ立って散歩に出かけるのが日課だ。ついでに、明日の食材を買いにカルフール（外資系スーパー）に寄る。市場より高くてもスーパーを選ぶのは、衛生管理がしっかりされているからだという。

◆市場のスケールが途方もない

野菜の話が気になって、別の日に一人で卸売市場に訪れた。とにかく、スケールが途方

キッチンに立つ洪さん。念入りに野菜を洗う。

野菜たっぷり。切る作業が多かったが、彼女は慣れていて早い。

もない。まず市場自体が何区画にも及ぶ広さで、もはや街のようだ。青果エリアを歩くと、私の背丈ほどもあろうかという巨大な夕顔が横たわり、スイカが山をなしている。トラックの荷台にびっしり数メートルの高さまで積まれたじゃがいもの袋は、どうやって一番上まで積んだのだろうか。はじめて目にする量に圧倒された。そういえば中国は、世界一の生産量を誇るじゃがいも大国（FAO、2020年[*68]）で、北部畑作地域で主に生産されている。[*69] このトラックも、北部からやってきたのだろうか。

中国産野菜は、日本のスーパーでもお馴染みだが、考えてみればすごいことだ。14億人を超える人口を養って、さらに輸出にまわしているのだから。中国政府の食糧安全保障白書2019年版によると、穀物自給率は95パーセント超。金額ベースかカロリーベースかなどが明らかでない数字だが、別の推計でも7割は超えている。[*70] 十分に高い数字だ。一体どうやってこれだけの生産量が可能になっているのだろうか。

◆化学肥料の力で生産量は激増したけれど

中国の穀物生産量は、1960年代以降ほぼ一貫して伸び続けている（図25）。それまでの中国農業は、水や養分の供給が制約となって、単収が低かった。ところが1960年代半ば以降、国産化学肥料の生産プラントが次々と稼働を開始し、化学肥料を十分に投入

巨大な夕顔が並ぶ。

芸術的な積み方。中国はじゃがいも生産量が世界一。

できるようになった。[*71] 1980年代に入ると、改革開放政策の下で「農業の産業化」が推進され、化学肥料と農薬を大量に使用し、灌漑を行い、資源を投入することによって農業が押し進められた。結果、単収が上がり、耕地面積はほとんどそのままに生産量は5倍に。かつて食料不足に苦しんだ中国は、世界有数の農業生産国となったのだ。

しかし、その裏で新たな問題も生まれた。中国の化学肥料使用量は増え続け、今や単位面積あたり窒素肥料使用量はアメリカの3倍。世界有数の水準だ。[*72] 当たり前のことだが、肥料を投入すればするほど永久に生産量が増えるわけではない。肥料投入量が増え続ける中、ある時期までは窒素肥料投入量と単収が比例していたが、1997年あたりで飽和した。それでも窒素肥料の使用増加は続いて、明らかな過剰施肥状態に突入。[*73] 使いきれなかった窒素分は地下水を汚染し、長期的には土壌劣化を引き起こす。2000年代になると、「砂漠化」という言葉が盛んに聞かれるようになってきた。

また、農薬については、過剰投入による健康被害が顕在化してきた。過剰に施された農薬は作物に残り、残留農薬として体内に取り込まれる。認可された農薬を規定量内で使用していたら問題はないはずだが、現実はそうではなかった。1980年以降、基準を超える残留農薬が検出される「毒菜問題」[*74] が相次ぎ、それを食べた人が入院または死亡するという深刻な被害を生んだ。日本でも、2002年に中国産冷凍ほうれん草から基準を超え

図25　中国の穀物生産量推移(1961年=1とした相対値)

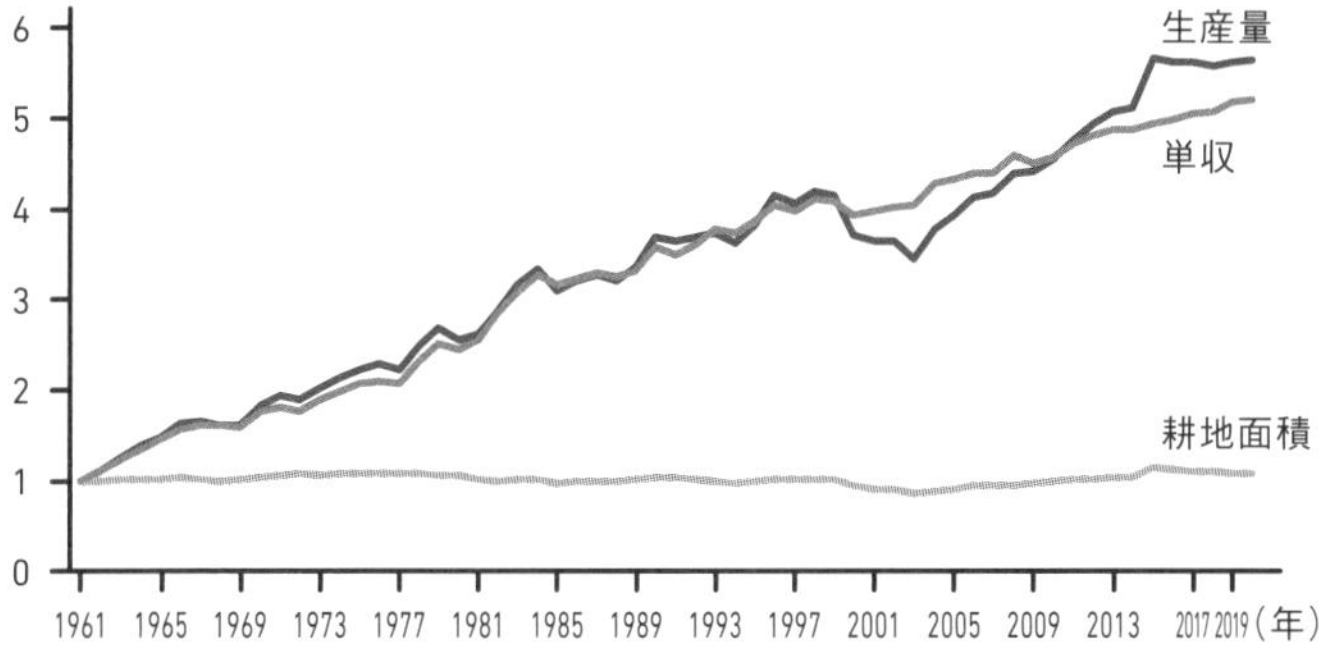

FAOSTATより筆者作成

る農薬が検出されてニュースになったが、その比ではない。そんな時代を経て、安心安全な食品への関心が高まり、野菜用洗浄剤も普及していったのだろう。

国の農業政策によって個人の食の安全が脅かされているとしたら、諸手を挙げて喜べる状況では決してない。けれど食べるものがないよりはずっとずっとましで、外食もデリバリーもコンビニも含めて多様な食のオプションが提供され、14億人もの人口を養うだけの増産を成し遂げたのは、やっぱり偉大なことだ。

ちなみに、資源過剰投入型農業への見直しから、中国でも近年は化学肥料や農薬を使わないオーガニック農業が増えてきている。先ほどのスーパー、カルフールでも有機野菜コーナーが大きく設けられていたし、耕地面積では世界有数のオーガニック農業国となっている。この転換の速さが、さすが中央集権国家中国といえようか。

◆人口増加を続ける地球、理想の農業モデルは

最後に、さらにスケールを広げた話をしたい。地球の人口は、1940年代からの緑の革命（主として開発途上国の人口増加による食糧危機克服のため、多収穫の穀類などを開発して対処しようとする農業革命のこと）と1970年代の第3次産業革命（コンピューターやICTによる生産自動化）を経て、右肩上がりどころか崖を駆け上るような勢いの増加を遂げ、国連人口基金によると2022年末には80億人を突破した[*77]（図26）。今後も地域的に増え続け、2050年には97億人にもなるといわれている。果たして、この人口を養い切ることはできるのか。

人口が増えるようになったのは、一にも二にも、多くの人を養えるほどの食料生産が可能になったからだ。程度や時期の差こそあれ、世界各地で化学肥料や農薬を投入し、灌漑を行い、1960年からのたった50年間で、地球上の食料生産量は約3・5倍にも増えた。それだけでもすごいことだけれど、真に驚くべきは、この間の農地面積の増加が1・1倍にとどまっているという点だ。食料増産といったら、私などは農地を開墾して畑を増

図26　**世界人口の推移**

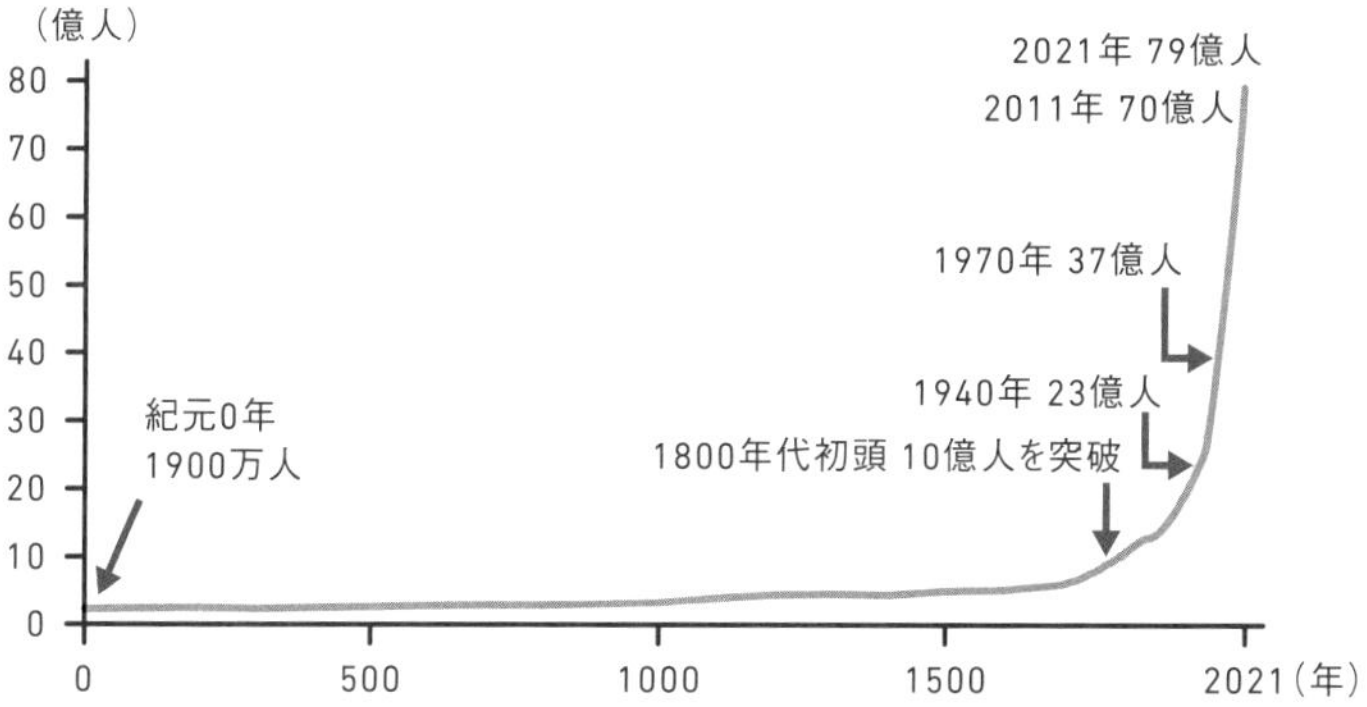

Gapminder (v6)*[75]、HYDE (v3.2)*[76]、国連世界人口推計2022年度版*[77]より筆者作成

やしている西部開拓時代のような風景を想像するのだが、それはもはや過去の話のようだ。20世紀後半の食料増産は、資源をつぎ込み、畑を工業化することによってもたらされたのだ。

　では、2050年の人口97億人も、これまでと同じやり方で養い切れるのだろうか。土地あたりの生産量を、4倍、5倍と増やしていけるのだろうか。それには当然、無理がある。

　限界まで化学肥料と農薬を投入した中国の例が示すのは、化学肥料の過剰投入は土壌を劣化させ、農薬の過剰使用は食の安心を脅かすということだ。また、過度な灌漑は、地下水位低下や生活用水の不足を引き起こす。持続可能ではない。

さらに肥料について付け加えると、今世界では「肥料戦争」とも評される取り合い状態が起こっている。[*64] 肥料原料となる鉱石は特定少数の国に偏在しており（図27）、限られた資源を潤沢に確保し続けられるのは、一部のお金持ちの国だけだ。

また、農地を広げ続けることも当然できない。そもそも過去50年間の耕地面積の伸びがたかだか10パーセントなのである。耕作に適した土地はすでに多くが使用されており、近年の耕作地は森林伐採等によって切り拓かれている。これ以上増やそうとしたら、生産性の低い土地を使うか森林を伐採するかといった選択になるのだ。ならば立体的にしようという発想で、農業に適した土地が乏しい国では、農地を立体的に積み上げた垂直型農業がすでに商業規模で行われている。土地は有効に使えるものの、電力や水などの資源は案外必要で、持続的な運用のための課題はまだ多い。

そんな状況を見ると、生産資源を他国に頼らないキューバ型オーガニック農業（169ページ）は、将来有望な選択肢に思えてくる。環境に負担をかけず、国際情勢に左右されず食料生産が行えたら、食料安全保障の理想型ではないか。

しかし、致命的な問題が生産量で、今のところオーガニック農業の生産性は慣行農業には及ばず、キューバの食料自給率は30パーセント程度とも推計されている。限られた食料

図27

りん鉱石の産出量（2021年）

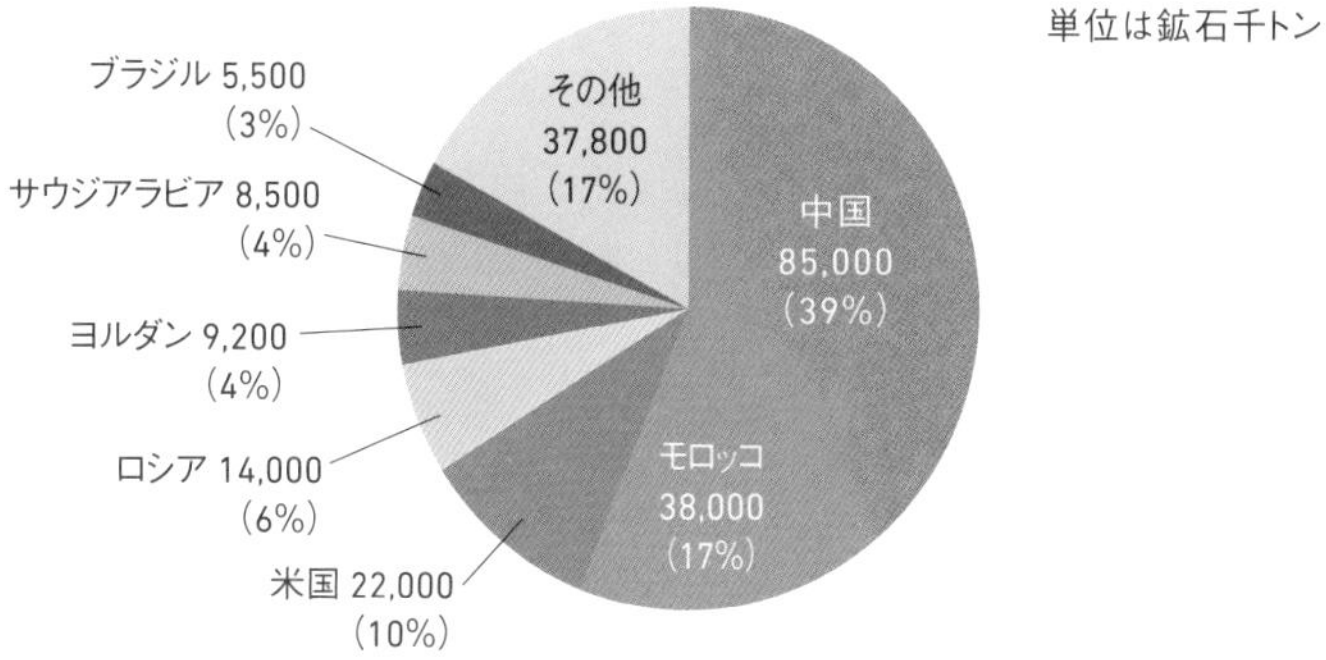

塩化カリウム鉱石の産出量（2021年）

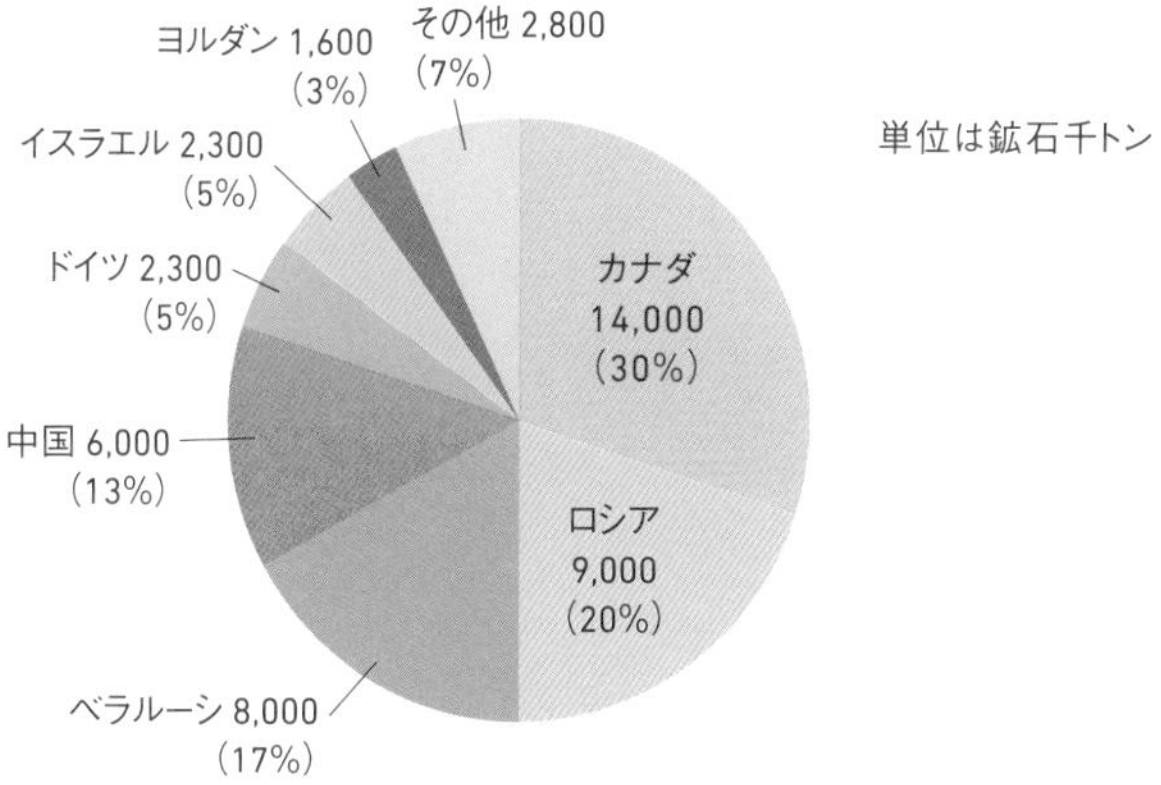

USGS. Mineral Commodity Summaries 2022*78より筆者作成

を効率的に分配するための配給制度はよくできた仕組みだけれど、上海のようにあふれるほど多様な食のオプションはなく、毎日フリホーレス・ネグロスの食卓が続く。外食はほぼしないし、街角のスタンドで買えるおやつもピザかアイスくらいと限られる。仕組みは効率的だが、個人の選択できる幅は小さい。

自国内の資源でやりくりするキューバ式オーガニック農業と、資源大量投入型の中国式農業。片や安心安全だけれど限られたものしか食べられず、もう一方は安全性の疑問はありつつ選択肢が多く飢えの心配がない。選ばなければいけないとしたら、自分はどちらの社会で生きたいだろうか。環境と経済と人の生活と、すべてを満たす農業の未来はどこにあるだろうか。

ボツワナ

牛肉大国でなぜ虫を食べるのか？

「世界各地に行って、どうしてもこれは食べられないというものはなかったですか？」

そう尋ねる人が期待する答えは、たいてい決まっている。

「ないです」と答えると、すかさず「虫とか……」とたたみかけられる。

虫食に対する忌避感は、いったいどこからくるのだろうか。似たような姿をしたサクラエビやホタルイカやシラスは喜んで食べるのに、昆虫はダメだという人は少なくない。6本足だからという人もいるが、8本足のタコも10本足のイカもありがたがって食べるではないか。エビの足なんて何本あるんだろう。

幸か不幸か、私は抵抗がない部類の人間だ。私の故郷の長野市では、スーパーに行けば漬物コーナーのあたりにイナゴの佃煮が売られているし、家の食卓にもしばしば上ったから、特段違和感のあるものではなかったのだ。東京に来てはじめて、心から「虫はムリ」という人たちがいることを知った（実は長野にもいるのだが）。クックパッドという料理レシピサービスの運営会社で働くようになり、「イカナゴのくぎ煮」のレシピが毎年ある時期にやたら検索されていて、関西ではイカナゴという魚を佃煮にしたのが春の風物詩として喜んで作られるのだと教えてもらった。イナゴとイカナゴ、一文字違いなのにどうしてこんなにも待遇が違うのか。

◆「旬」の4月に、いざパニ狩りへ！

というわけで「虫とか……」とリクエスト（?）される機会はそれなりにある。地図を見ると、世界では南の方の国でより多くの種類が食されているようだ（図28）。私は、尋ねられたらボツワナのモパネワームを思い出す。

モパネワームは、簡単にいうとイモムシだ。モパネの葉を食べるイモムシ（ワーム）なので、モパネワーム。現地の人々は、ツワナ語で「パニ」と呼ぶことが多い。春と秋の二度、幼虫が一気に姿を現し「旬」を迎えるのだが、この時期になると人々はこぞって「パニ狩り」に出かける。私がボツワナに行ったのも、そもそもはパニ狩りが目的だった。ボツワナで働く日本人の友人が、「4月10日頃がパニの季節だよ。おいでよ」と誘ってくれたのだ。特段虫食に興味があったわけではないが、チャンスがあるなら選択肢は一つ。その時期にあわせて航空券を取り、会社の休みをとって、飛行機に乗り込んだ。

図28 **食用される昆虫の種類数（国別）**

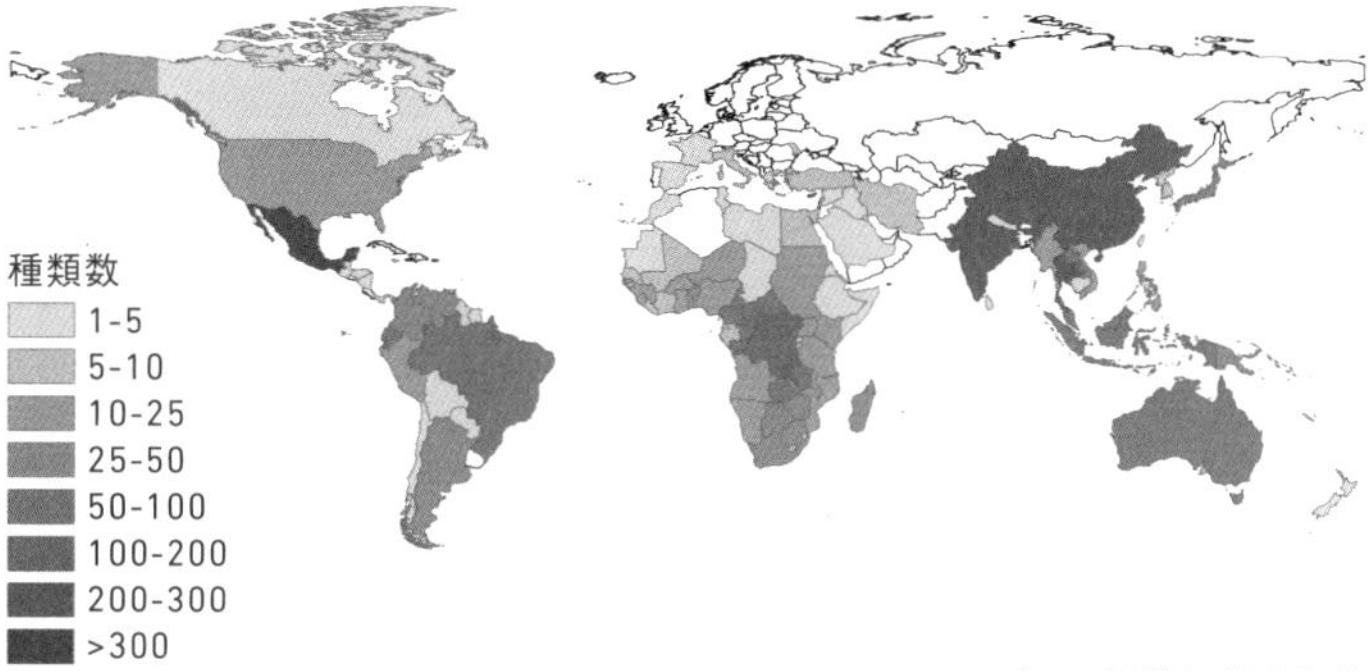

Jongema（2017）*79より筆者作成

ティラピアの節（103ページ）で述べた通り、ボツワナは乾燥した土地のため、モパネの木が生える地域は限られる。首都ハボローネから数百キロ、北東部にあるパニの産地に友人の運転で出かけた。

そろそろいるかなと、車を止めて地元の人に尋ねる。「うちの方は今年はまだだけど、あっちの方で捕れたと聞いたよ」という情報を得てそちらに向かう。見当たらず、また人に尋ねると「今年は遅いみたいなんだ。あっちの方なら……」と今来た方を指差される。教えたくないから嘘をついているのか、本当に誰もよくわからないのか。実のところは不明だが、「ここ数年、繁殖の時期や地域が予測困難になっているんだ」という話は、皆が口を揃えて言うから真実なのだろう。数も減っていて、その原因は気候変動と乱獲とされている。[*80]

諦めて産地を離れ、西部の村を訪れたところで、出会いは突然にやってきた。村に到着し、ボツワナに来た目的やこれまでの道のりの話をすると、「パニならあっちの広場で見たと聞いたよ」と言うではないか。またいい加減な情報か。期待もせぬまま彼についていくと……村人が集っておしゃべりしている広場の頭上、大きな木の葉の裏にパニがたくさんついているのだ！

遠目にも、大きな毛虫のようで見るからに毒々しい。パニを指差してわめく我々を見て、おしゃべりしていた男性たちがパニ捕獲に加勢してくれた。高い木の枝に手を伸ばし、捕まえる。そして渡してくれたパニは、大人の親指ほどに丸々太った緑色の体で、黒の斑点模様で覆われている。なかなか毒々しい色使いな上に、全身に棘《とげ》が生えていて、這い回ると痛い。おまけに逃すまいとすると茶色い体液を出し、手をべたべたに汚してくる。そんな格闘を繰り広げながら、8匹ほどのパニを捕まえ、家の前にある簡素な台所に向かった。内臓を出し、水で洗い、塩ゆでする。パニに興奮する日本人をおもしろがって、パニ捕獲を手伝ってくれた男たち4人ほどもぞろぞろとついてきた。

さて、どう食べるか。「パニはトマト煮にするものだよ」と誰もが言うけれど、突然だったのでトマトはない。それに、煮た柔らかい食感というのが、いまいちそそられない。「揚

おしゃべりしていた男たちがパニ狩りを手伝ってくれた。

格闘の末、捕獲したパニ。動くとトゲが手を刺して痛い。

げてみない？」と提案してみたら、そんなシンプルな調理法なのにやったことのある人は一人もおらず、半分の人は顔をしかめた。ボツワナの人は保守的だと聞いたけれど、パニの食べ方一つにしてもなかなかに保守的だ。しかし揚げてみると、パリパリしてスナックのようでわるくない。彼らも「うん、ＯＫ」と言ってくれた。

◆「貴重なタンパク源」？

ところで、なぜこの地域では虫を食べるのだろうか。

まず思いつくのは、「貴重なタンパク源」という言葉だ。ボツワナは国土の70パーセントが砂漠や乾燥地[*81]で、農業に適した土地はたった0・65パーセントしかない[*82]。栽培されているのは、ソルガムやミレットなど乾燥に強い雑穀が主で、タンパク源となるマメ類の栽培は限定的だ。また、内陸なので海に出て漁業をすることも容易でなく、タンパク質不足に陥りやすそうな条件が揃っている。

ただ、日々の食事を見ていると、タンパク質が足りないとはまったく感じない。なんと言っても、牛肉だらけなのだ。街を歩いていて、外食チェーンといえばハンバーガーかステーキ。スーパーの肉売り場にも塊の牛肉がずらっと並ぶ。一人あたり牛肉類消費量は6・68キログラムで、日本（9・65キロ）の3分の2ほどある。実は中国（6・28キロ）やベトナム（5・59キロ）よりも多い。都市を離れると、草の生えた土地の至る所で牛が放牧されている。牛肉生産量は年間3万4000トン、輸出もしていて、南アフリカに次いでアフリカ第二位の輸出量を誇る（FAO、2019年）。[*15] 決して「肉がない」という状況ではなさそうだ。このビーフ大国で「虫は貴重なタンパク源」という説明は、ちょっと無理がある。

隣国ジンバブエでは、食料のためにモパネワームを捕る人は少ないようだ。ジンバブエの複数地域で行われた調査で、モパネワーム狩りの主たる目的に「食べるため」を選んだ人は全体の1割程度にすぎなかった。代わりにいずれの地域でも過半数の人が選んだのが「収入のため」という答えだ。[*83]

たしかに、モパネワームを現金収入源と見ると、なかなか優秀だ。元手はまったくかからず、出かけていって捕まえて下処理して売ればお金になる。市場や道端では、しばしば乾燥パニが売られている光景に遭遇するし、捕まえた人から買って都市で売る業者もいる。[*84] ボツワナは、輝くダイヤモンド産業の裏で失業率が約24・9パーセントと非常に高い（ILO（国際労働機関）、2020年）のだが、パニ狩りは、誰もがゼロから稼ぎを得ることのできる有力な生計手段といえよう。[*85]

◆長野の山菜採りとパニ狩り

彼らがパニ狩りに行く様子を見ていて思い出されたのが、山菜採りの風景だ。子どもの頃、春になると、祖母の友人たちがこぞって採りに行ったのを覚えている。今年はワラビを何キロ採ったとか、フキ味噌の作り方を変えてみたとか、そんな話を自慢げにしながら連日山に向かうのだ。食べ物がないわけでは決してない。昔は確かに、春先のその時期は野菜を採れず山菜を食べるしかなかったそうだが、今はスーパーに行けば世界中から輸入された野菜や食料が豊富にある。でも、そういうものだから、その時期だけのものだから、採りに行くのだ。我が家のような山菜採りに行かない家庭も、お裾分けしてもらったり、直売所で買ってきたりして、やっぱり毎年その時期には山菜を食べる。

モパネワームもひょっとしたら、もはや山菜と同じように「季節の楽しみ」として食べられているのではなかろうか。人がパニについて語る時、味や食べ方ではなくパニ狩りの話からはじめるのも、山菜に似ている。食料としてよりもその体験自体に意味があるような気がするのだ。

ちなみに味はというと、「ご馳走という手のものではないが、はまる人ははまる気もする。といっても、ボツワナ人でも「パニは無理」という人は一定数いて、そんな彼らは思いっ

至る所で放牧される牛たち。

乾燥パニを売る女性。大型道路の道端にて。

きり顔をしかめるのだが。

人間は、生きるために食べる。しかし生きるためだけに食べ物を選択しているわけではない。こと虫食というと「貴重なタンパク源」「食料危機を救う」などと必要性ばかりが注目されるけれど、何か一面的な気がしている。お金を得るためとか季節の楽しみとか、食べること以外に目を向けてみたら、虫食文化が少し違って見えてきはしないだろうか。

Column 4

卵大国の日本、なぜ卵はずっと安いのか？

卵ほど、世界中で食べられているタンパク源も珍しい。

肉は地域の偏りが大きくて、ブタやウシは宗教の食戒律により制限されているし、ヒツジやヤギは主に乾燥地に偏在する。また、一つの社会の中でも経済的に肉を買えない低所得者層もいるし、動物愛護の観点から肉食を避ける人もいる。植物性のタンパク質はというと、その代表格の豆はタブーがないけれど、農作物ゆえ土地の条件によって栽培品種は異なり、世界共通で広く食べられている品種は少ない。東アジアは大豆やその加工品を食べ、中東地域ではひよこ豆の前菜やレンズ豆のスープが幅を利かせ、アメリカ大陸に行くとキドニービーンズや黒インゲン豆やピント豆が煮込まれる。それぞれの豆がそれぞれの土地の料理を作り出している。

つまり、肉食は宗教や気候や倫理観によって、豆食は気候や風土によって、食べる文化圏が地球上にまばらに分布する傾向にある。

そこにきて卵は、宗教的タブーが少ないどころか、キリスト教では復活の象徴としてイースターの時期に用いられる（注）。鶏は気候にあまり左右されず育てることができ、小スケールで飼えることから、その卵は低所得者にも行き渡りやすい。その上、火を通せばすぐ食べられて失敗も少ないので、料理をあまりしない人でも手を出しやすい。

世界を訪れていて「たいした料理はしないんだ」と言う若者の二言目は「朝ご飯のスクランブルエッグとか、パスタをゆでるだけとか」と決まっている。ジャイナ教徒や厳格なヒンドゥー教徒、ヴィーガンのように卵も食べない菜食者もいるものの、他のタンパク源に比べたら圧倒的に広く食されている。

食用に加えて、工業的にも大事な役割を果たしてきた。中世ロシアでは、乳化させた卵に顔料をまぜた卵テンペラというものをイコン（聖像画）に塗って劣化を抑えたという。ヨーロッパでは卵白をワイン作りのおりをとるのに使い、製本の粘着剤や光沢出しにも用いた。医療でも活躍していて、卵白タンパク質であるリゾチームは防腐剤や抗菌剤として製薬に使われている。[*86] 社会や自然条件を超えて多くの人が食べられて、栄養的にも非常に優れていて、ほとんどすべての栄養素を含むことから完全栄養食とも言われる。こんなに普遍的で優秀な食品があるだろうか。

おまけにそのフォルムも完璧で、片手で握りつぶそうと思ってもなかなかつぶれない。上から荷重をかけてつぶすには、なんと4・5キロもの重さが必要らしい。[*86]

話が逸れたが、そんな優秀な卵は、日本の食卓でも長らく重要な位置に君臨し続けてきた。日本人の年間一人あたり卵消費量は337個で、世界第二位（国際鶏卵委員会＝IEC、2021）[*87]。統計によっては一位のメキシコと順位が入れ替わる。我々は、世界有数の卵食いなのだ。はるか昔7世紀に天武天皇が一定期間の肉食を禁止したときも、卵はなぜか対象にならなかったというし、他国の人はサルモネラ菌食中毒を恐れて食べたがらない生卵を愛食するし、つくづく卵好きな国だ。

そんな背景もあってなのか、それともそれだからなのか（これこそ鶏と卵の関係）、物価上昇にもびくともせずずっと安価であることから「物価の優等生」と言われている。総務省の公表している消費者物価指数を見ると、1970年からの50年間で食料全体の物価は約3・5倍になったが、卵は約1・6倍に留まる。[*88] 我々生活者にとっては、大変ありがた

注：厳密には、キリスト教にも卵の禁食規定はある。伝統的にはイースター前の約40日間（四旬節）は卵を含む動物性タンパク質を断つのだ。ただし現在はそうしない人も多い。

い存在だ。

しかし、これほどまでに恩恵にあずかっていてしかも安いとなると、鶏に迷惑をかけていないかと心配になってくる。だいたい、なぜこんなにも価格が上がらないのか。他国と比べて健全な状況といえるのか。物価の優等生と言われる日本の卵の裏側を見てみたい。

鶏卵生産コストの中でも最も関連が高いのは飼料（エサ）で、全体の約6割を占める。IECの統計により、2020年の数値を報告している22ヵ国についてこの飼料価格を比べてみると、なんと日本は第一位（図29）。第二位以下を引き離してダントツに高い。飼料価格の低い国は、アメリカ、ロシア、ハンガリーなど。広大な土地を持ち、自前で飼料を調達できるために安く抑えられると考えられる。こういった国々に比べると、日本は飼料の7割以上を輸入に頼るため[*90]、流通コストに上乗せされて高くなるのだ。輸入に頼るということは、国際価格の変動や国際情勢に左右されるということでもある。近年は新型コロナウイルス感染症やロシアのウクライナ侵攻による輸入制限や燃油価格高騰のあおりを受け、飼料価格はぐんぐん上がっている。日本の卵は、高くなりやすいはずなのだ。

しかし生産コスト全体を見ると高い方から4番目で（図29）、最終的な小売価格に至っては中くらいの位置に収まっている（図30）。EUの国々と比べると数割安い。飼料が他国より高い中で、一体どこでコストが下げられるのだろうか。

図29 各国の採卵鶏飼料価格と生産コスト（2020年）

国名	1トンあたり飼料価格	1ダースあたり鶏卵生産コスト
日本	**68,985円**	**129円**
スイス	62,705円	342円
イギリス	41,418円	118円
メキシコ	40,367円	74円
キプロス	39,645円	122円
中国	39,605円	88円
フィンランド	37,815円	119円
オーストリア	36,851円	275円
コロンビア	33,380円	81円
カナダ	33,052円	177円
インド	31,857円	61円
オランダ	30,374円	92円
ハンガリー	27,182円	95円
ロシア	26,650円	75円
アメリカ	23,775円	65円

国際鶏卵委員会（IEC）年次統計*89より筆者作成
1ドル=107円で換算

図30　**各国の平均鶏卵小売価格（2020年）**

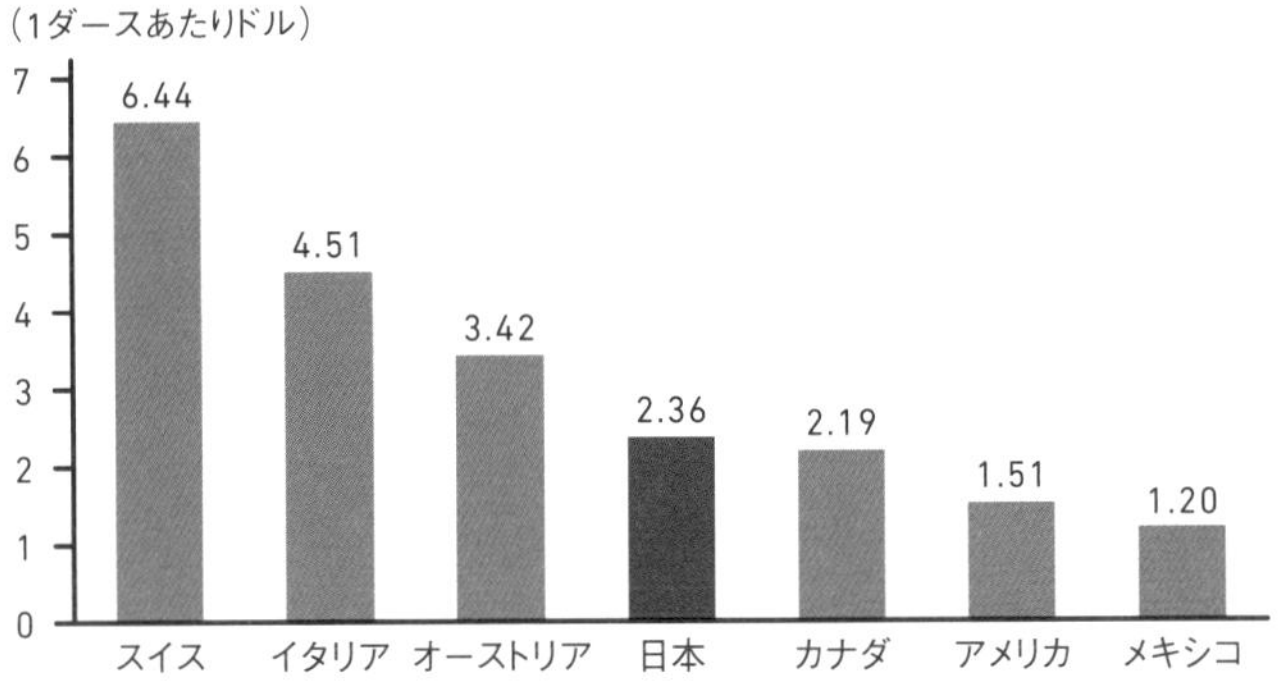

国際鶏卵委員会（IEC）年次統計*92より筆者作成

どうも、秘密は飼育方法（ケージ代と人件費）にあるようだ。日本で最も一般的な飼育方法はバタリーケージ（集約飼育檻）で、養鶏場全体の9割超はこの方法をとっている。鶏を収容した400平方センチメートルほどのケージを積み重ね、餌と水は前面から与えられる。産んだ卵は傾斜のついた床を転がって集められるので、人手をかけず効率的かつ衛生的に卵を採取できる。このような技術進歩と工業化により、これだけ飼料の高い日本でも、卵を安価で食べ続けることができてきたのだ。

だが、これが鶏にとってよいかというと、なかなかそうとは言えない。特に近年アニマルウェルフェアへの関心が高まる中で、鶏の飼育環境が問題視されるようになってきた。バタリーケージに飼われる鶏に与えられた一羽あたりの床面積はB5用紙1枚にも至らないほどで、砂浴びをすることも止まり木で眠ることもできず、動物としての本能的な行動を抑制される。[*91]アニマルウェルフェアの考え方で先行するEUでは、このバタリーケージの使用は2012年に禁止され、改良型ケージの利用やケージフリー（平飼いや放し飼い）で飼育されている。さらには、改良型ケージも現在廃止の方向に向かっている。動物の権利が守られ、より倫理的であることを消費者が求めているのだ。

こうした流れの中で、当然日本も追随すべきだという議論が上がってくる。きわめてもっともなことだが、事はそう一筋縄ではいかない。平飼いにしたら単位面積あたりの飼育羽数は少なくなるので採れる卵の数も減る。また、鶏が自由に歩き回って卵の上に糞をしたり潰したりする前に回収しなければいけないので、人件費もかさむ。生卵を食べる我が国は、サルモネラ菌を防ぐために卵の衛生基準も厳しく、卵の回収と洗浄の手間が他国以上にのしかかってくる。

そんな諸々が積み重なって、現在スーパーの店頭に並ぶ平飼い卵は一般的な卵の2倍程度、より開放的な環境で育つ放し飼い卵は3倍程度の値段で売られている。また、これは意見が分かれるところだが、改良ケージは鶏にとってより過酷だという説もある。多くの鶏が仕切りのない同じ空間で生活しているため、ストレス自体が解消されないまま単に広くなると、互いをつついたり喧嘩したりして、バタリーケージよりもひどい怪我だらけになるのだという。

一体、鶏と人間のフェアな関係とは何なのだろうか。生きるために食べないわけにはいかないけれど、これだけ安価な卵の裏で鶏が我慢を強いられていると聞くと、特売卵のパックに伸ばした私の手はひっこむ。しかし、放し飼いの卵に3倍のお金を払い続ける用意と覚悟があるのかと聞かれたらそれはないし、買う量を3分の1にして代わりに豆を料理するのは面倒くさい。地球上のすべての養鶏が「フェア」になって卵が正当な値段で売られるようになったとして、より経済的に厳しい家の食卓に行き渡るのかと考えると、頭の中はぐちゃぐちゃになる。卵の問題は、その形ほどは容易に丸く収まらない。

第6章　伝統食と課題

モルドバ
自家製ワイン文化とアルコール問題

家に立ち寄った時のもてなしのドリンクは、国や地域ごとに個性がある。日本では緑茶や麦茶などのお茶がポピュラーだけど、インドやネパールではチャイを、アフリカのスーダンでは冷えたバオバブジュースを勧められた。モルドバでは、少しぬるんだ自家製ワインだった。

◆ぶどう畑を越えて

モルドバは、ウクライナとルーマニアの間にある東ヨーロッパの国だ。民族的にはルーマニア系なのだが、ソビエト連邦の時代にはソ連勢力下に置かれ、１９９１年に独立した。公用語はルーマニア語、通貨はモルドバ・レウ。ＥＵへの加盟を目指しており、２０２２年に加盟候補国として認められた。れっきとしたヨーロッパの国なのだが、アフリカだと思ったとかモンゴルと混同したとか、何かと間違われやすい。

日本でモルドバという言葉を聞くようになったのは、ワインからだろうか。２００６年にロシアがモルドバワインの輸入を禁止したのをきっかけに、輸出先が多様化し、日本にも入ってきて存在が知られるようになった。名前を聞くようになったのは最近だが、実はワイン生産地としては数千年の歴史がある。フランスのボルドーやブルゴーニュといった世界的な産地と同緯度に位置し、内陸のなだらかな地形があるので、ぶどう栽培に適しているのだ。

この地を訪れたのは、7月の末。首都キシナウから車で20分ほどのバチョイ村の家庭に向かった。キシナウは、首都といっても人口は島根県程度でこぢんまりしているし、モルドバは農業が主要産業ということもあり、少し中心から離れただけであっという間に畑の広がる農村風景になった。バスの窓から見える景色は、ゆっくりと移り変わっていく。小麦畑、とうもろこし畑、そしてぶどう畑は未熟な果実をつけている。草を食んでいるのはヤギだろうか。道端にしゃがみ込んだおばちゃんたちはスイカを売っているぞ。のんびりした景色が楽しくて、ずっと目が離せなかった。

そうこうしているうちに、村に到着。迎えてくれた一家は小高い丘の上に住んでいて、周りにはぶどう畑が広がっている。家の前の緑のアーケードはぶどうの木。家の裏にもぶどう畑。ぶどうに囲まれて生きているようだ。

◆自家製づくしの夕涼みの宴

日が沈む頃、隣の家にお邪魔すると、大人たちは家の外のテーブルでワインを飲んでいた。子どもは周りで走り回って遊んでいる。「いらっしゃい！　うちのワインを飲みな！」と恰幅のよい男性が声をかけてくれた。彼の名はフィオドル、この家の主人だ。テーブルの上には山盛りのチーズとパンと、それに庭でとれた野菜。アルコールがさっぱりダメな私は、ワインは飲めないけれど、大ぶりにカットしたチーズが魅力的だし、この集まり自体が楽しそうなので、まざることにした。

ラベルが剝がされた2リットルのペットボトルに入っているのは、自家製赤ワインだ。フィオドルがボトルをつかみ、私の前のコップに注ごうとしてくる。「ごめん、お酒が飲めないんだ」と私が縮こまりながら断っても、「うちのワインが飲めないって！」と受け入れてくれない。アルコールが分解できないという説明を試みたが、きわめて愚策だった。そもそも酔って気持ちよくなっている人に化学は通用しないし、そこまで酔っていない人た

家の前に広がるぶどう畑。この時はまだ若木だった。

とにかくずっと笑っている。ワインは空になったら汲みに行く。

ちも、まるでそんな概念など存在しないかのように曖昧に微笑んでいる。

英語の話せる15歳の長女ミハエラが、「モルドバでは、客人に自家製ワインを勧めるのが礼儀なの。断っていいのは妊婦くらい」と教えてくれた。そうか、私は妊婦じゃないものな。あきらめて一口飲む。ワインの味はよくわからないけれど、ぬるく香りが広がるこの素朴な感じは好きだ。「おいしいね」と言うと満足したようで、チーズに手を出させてくれた。チーズは、家で搾ったミルクで作った自家製だ。ワインも、チーズも、そして野菜まで。自家製揃いのワインタイムが、うらやましかった。

◆世界一の飲酒量、その裏にある問題

自家製ワインは、うらやましい文化だ。自分が収穫したぶどうを自分で醸造して、その成果物で客人をもてなすことができるのだから。親しい人たちとの楽しい時間も生むことができる。なんて誇らしいことなのだろう。ところが、現代社会では問題も生まれている。

まずは、アルコール過剰摂取。WHO（世界保健機関）のアルコールと健康に関するレポート（2018年）[*93]によると、モルドバの一人あたり飲酒量は世界一だ。15歳以上人口の一人あたりアルコール消費量は、純アルコール換算で年間15・2リットル、ワインに換算するとボトル1170本分に相当する（図31）。

図31 アルコール消費量(15歳以上人口一人あたり)上位国(2016年)

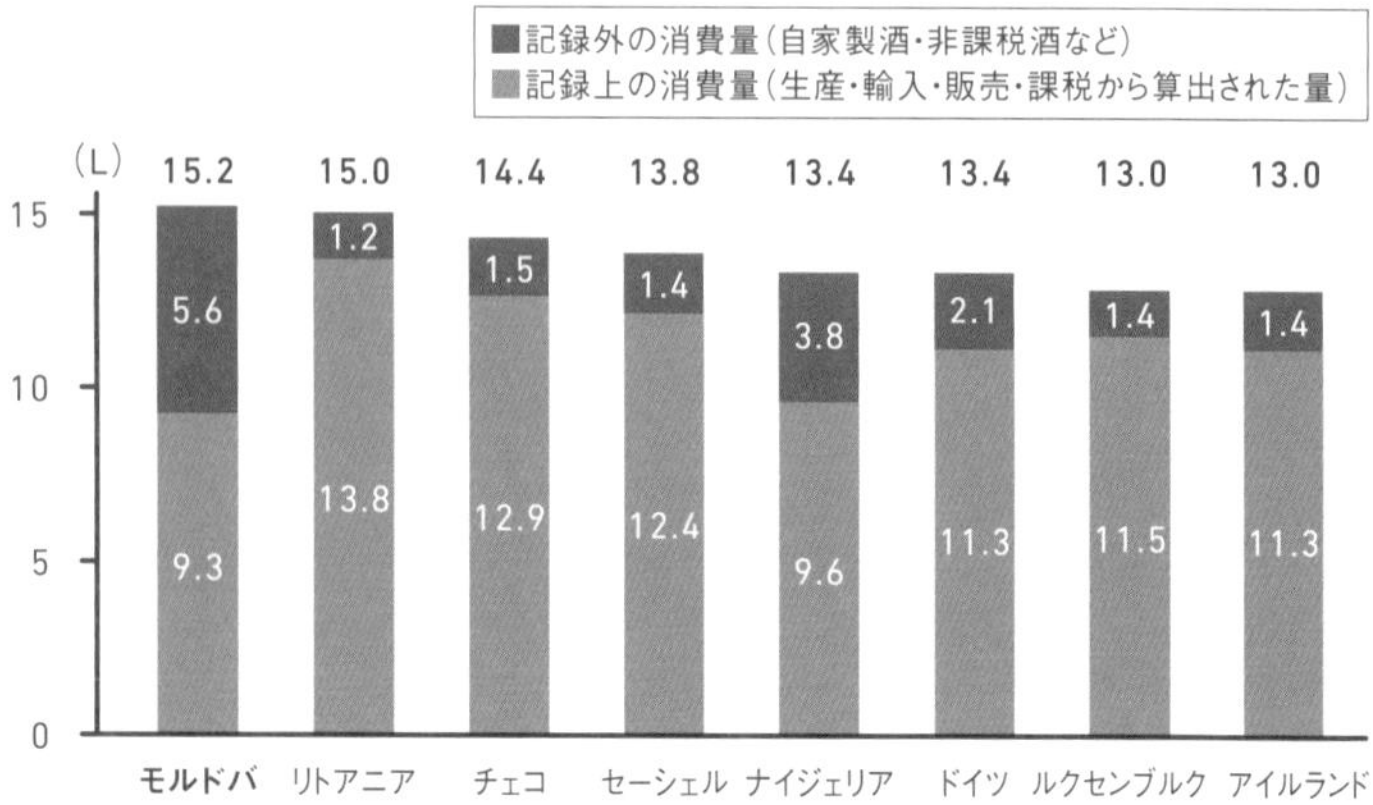

WHO Global status report on alcohol and health 2018より筆者作成
純アルコール換算、数字の不整合は元のレポートの算出方法によるもの

地下にあるセラーの樽からペットボトルに詰めかえる。

そして、過剰な飲酒は健康被害を及ぼす。肝臓疾患やがんといった疾病を患う人は多く、アルコール関連の死亡は、全死因の26パーセントとなっている。[*94] 実に4人に1人はアルコールに関連して命を落としているというのだ。これは世界平均の約5倍で、世界一。また、直接的な健康被害の他に、アルコール依存による家庭内暴力や児童虐待、不労などの社会的問題も存在する。タイム誌によると、「どの家庭にも一人はアルコールの問題を抱えた人がいる」そうだ。[*95]

さらに、未成年飲酒の常態化もある。一般的にどこの国でもアルコール類は、販売する際に年齢確認をすることで未成年への提供を防ぐが、自家製ワインにはこの仕組みが通じない。モルドバは、統計にのらない「記録外の消費量」が多いのが特徴で、その量は一人あたり年間5・6リットル（純アルコール換算）という世界一多い数字となっている（図31）。実際に飲まれている量の3割から7割を占めるとされ（記録外ゆえに実態がわからず、数字の幅が大きい）、そのほとんどが自家製ワインだ。[*95] そんなに多いことがあろうかと思うのだが、「ワインは店で買うもんじゃないわ。お店には売っているけれど、あれは観光客のため」と平然と言われた。自家製ワインは家の地下倉庫に樽で保管されていて、当然身分証明書の提示は不要。実質取り締まりは不可能だ。大人たちがあまりに日常的に飲むし、それにタダなので、未成年飲酒のハードルはきわめて低い。

ミハエラは、「私のおじいちゃんは、喉が乾くと水じゃなくてワインを飲んでいたのよ」という。確かにワインは、中世ヨーロッパでは水代わりに飲まれてきた。水を使わずに作れるし発酵過程で殺菌されるので、生水を飲むよりずっと衛生的で安全だったからだ。さすがにそれは昔の話だけれど、2017年にモルドバ議会は「ワインはアルコールではなく食品である」という法案を通した。[*96] アルコールを含む製品であることは認めつつ、22時以降の販売やテレビコマーシャルが許されることになった。これには、国の主要産業であるワイン産業を活性化したいという思惑もあるが、モルドバにおけるワインが、単なる嗜好品ではなく、より生活のベースとして位置付けられていることの証ともいえよう。

しかし、文化的な分類はさておき、身体にとっては間違いなくアルコールだ。多くの命が失われている状態は、ワイン片手にのんびり見過ごしていてよいものではない。とはいうものの、取り締まろうと思っても、これが難しい。自家製自家消費のワインは届出もいらないし流通に乗らないので、規制をかけられるポイントがない。それに、ワイン製造はモルドバ経済において非常に重要で、GDPの3・2パーセント、輸出金額の7・5パーセントを占める重要産業だ。[*97] 多大なる雇用も生んでおり、その文化自体を規制したり否定するのは、かなり注意を要する。内陸に位置し、天然資源もなく、ヨーロッパ最貧国の一つともいわれるモルドバにとって、ぶどう栽培とワイン作りは、この土地の利を生かしてできる貴重な産業なのだ。

伝統は、取り締まれない。土地に根差し、経済を支え、生活に根付いた誇らしい文化である一方で、健康被害をもたらしていると知ると、ワインの味もますますわからなくなってくる。

中華文化圏

進化する月餅と増える廃棄

月餅《げっぺい》は、どうも好きになれなかった。あんぱんを薄皮にして平たく装飾的にしたような中国菓子で、美しくて高級品だ。どこでいつ食べたのかも覚えていないけれど、あんがぎっしりを通り越して重たいし、かなり甘いし油っぽいし、ひと口で十分な食べ物だと思っていた。しかし、月餅作りを教えてもらい、はじめて自分で作ってみて、自分の知っている月餅がいかに狭い範囲のものだったかを思い知らされた。

教えてくれたのは、香港出身で日本在住のジャニタさん。香港料理の教室をしている。日本で市販されている月餅は、昔からの大きくて重たい月餅（または日本ナイズされたふわふわ皮で饅頭のような月餅）がほとんどだけれど、本場の月餅はめざましく進化しているのだそう。数種類の月餅を、一緒に作った。

◆月餅作りを教わる

まずは、月餅のあんと皮の生地を別々に作る。一つ分のあんを丸め、皮の生地で包む。

それを型に押し込んでひっくり返し、スタンプを押すようにプレスすると、模様付けと整形がされた月餅ができる。取り出すと、美しい絵柄の月餅が出てきて、思わず「おおお」と声が出た。

知っている月餅と違う点は、いくつかある。なんと言ってもまず、小さい。昔ながらの月餅は一個200グラムほどあって一家で切り分けて食べるものだけれど、彼女の使う月餅の型は50グラム用だ。しかも、家紋のような花形や判読できない漢字模様だけでなく、うさぎやパイナップルなど愛嬌のあるモチーフが登場している。かわいいし、一人で食べ切れるから、この大きさが人気になってきているのだという。

それから、カラフルなバリエーションがある。通常の月餅は、あんぱんのように焼くから茶色に仕上がるけれど、これは大福のような生地で包んで焼かずに仕上げる「冰皮月餅《ビンピーユエビン》」というものだ。日本語では生月餅と呼ばれる。焼かない生地なので、つけた色がそのまま生きる。野菜パウダーを使って皮をピンクや緑に染め、カスタードやココアのあんを包んで型押しすると、ピンクのうさぎや緑のパイナップルができ上がる。カラフルでかわいくて、小ぶりであっさり食べられることから、昔ながらの焼き月餅よりも近年人気が出てきているのだという。

生地の塊を型に入れプレスすると、美しい形になって出てくる。

手前の獅子以外は冰皮月餅。どの色で作ろうかと考えるのも楽しい。

◆月餅は秋に贈り合う

ところで、月餅にはシーズンがあることをご存じだろうか。月が一年で一番美しく見えるとされる中秋節が、その時期だ。月に由縁のある菓子だから、月の餅。日本では月見団子を食べる頃、中国では月餅なのだ。

中秋節は、旧暦8月15日に行われる行事で、中国文化の影響のある地域（中国・台湾・香港・マカオ・ベトナムなど）で祝われる。中国や台湾では法定休日になるくらい重要な日だ。起源は諸説あり、月を観賞する習慣自体は古代中国の頃からあったともされる。

しかしここで強調したいのは、現代これらの文化圏において「中秋＝月見」では必ずしもないという点だ。確かに月の満ち欠けと関連した行事ではあるのだが、月を観賞することに目的があるかというと必ずしもそうではなく、「満月は円満で縁起がいいし、ちょうど収穫を祝う時期だし」程度で都合よく受け入れられているようだ。とにかくあまりに大きなイベントということもあり、これら地域の人々と話していると「なぜ」ということは特に意識せず、「とにかく月餅を贈り合う時期だよね！」とイベントとして捉えている感が強いように感じる。

そう、月餅はお供えするものではなく人間同士が贈り合うものなのだ。

中秋節の月餅をめぐっては、日本のバレンタインのような熱い商戦が繰り広げられる。月見団子はシンプルで工夫の余地もさしてないが、月餅はこだわりようがいくらでもある。最近はあんも皮も進化が著しく、毎年新しい趣向の月餅が登場して盛り上がりを見せている。

食品企業だけでなく、飲料メーカーやカフェチェーン、有名ホテルや百貨店、それに化粧品や宝石ブランドまで競って新作月餅を売り出す。香港でカスタード月餅を生んだのはペニンシュラホテルだし、スターバックスはコーヒーヘーゼルナッツなどの独自フレーバーで近年人気を集めている。ブランド月餅の中身は多様化・高級化していて、ベリーやコーヒー、さらにはキャビアやフォアグラなども登場しているのだとか。

中身だけでなく外箱も、宝石箱かと思うような凝ったものが登場している。ゴディバ、ケンタッキーフライドチキン、インターコンチネンタル、ルイ・ヴィトンなど、あらゆる業界の思いつく限りのプレイヤーが参入し、月餅商戦は過熱。人気のものは予約必須らしい。この時期にベトナムを訪れたら、デパートに月餅特設売場ができ、日本のバレンタインさながらの賑わいを見せていた。世界での市場規模は20億米ドル以上と試算されている。*98

ちなみに贈る相手は、想いを寄せる異性ではなくて、お世話になった方やビジネスの取引先。個人間で贈り合うこともあるものの、法人需要がかなりの割合を占めている。ビジ

図32　**中国における月餅購入金額**

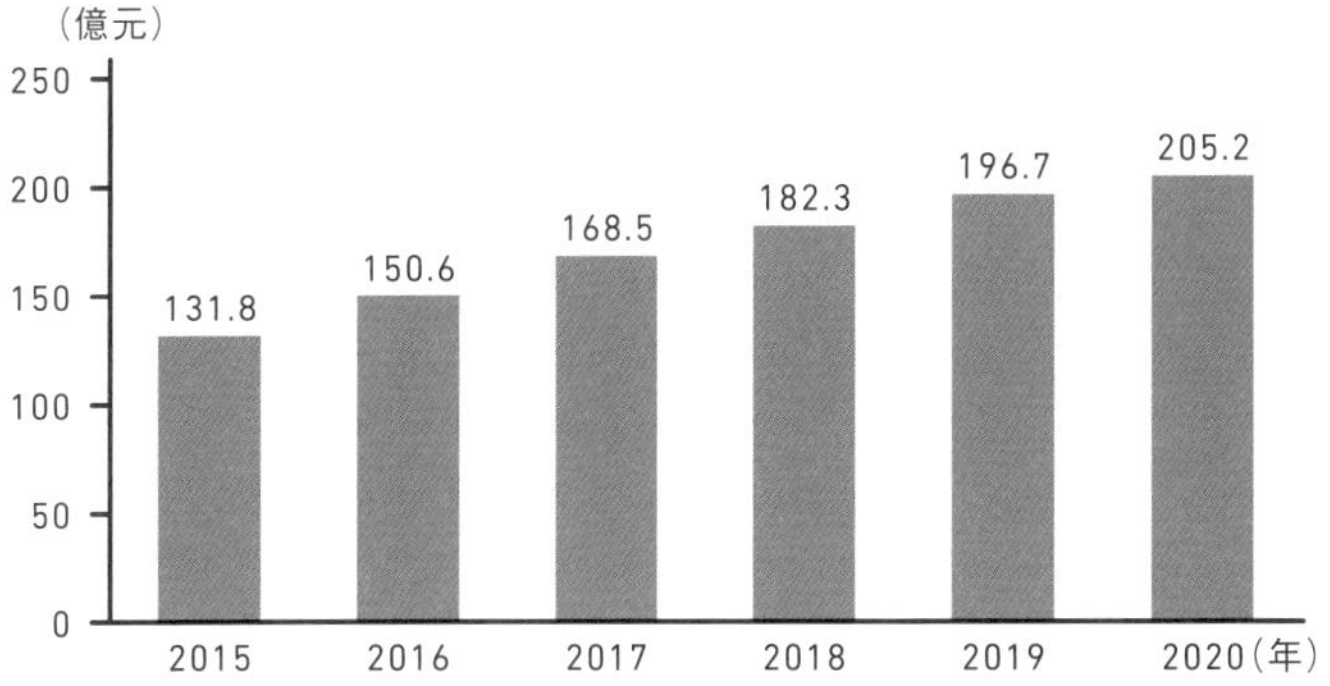

iiMedia Reserch報告値より筆者作成

ネスにおいても、人の縁がものをいう中国。「年に一度の機会に、特別な月餅を大切な取引先に贈ることが、仕事をうまく進めるのに一役買うんだよ」と上海の方が教えてくれた。そう言われると、やたら高単価なのも腑に落ちる。まるで日本のお中元文化のようだ(ちなみに中国文化圏にはお中元を贈り合う文化はない)。

　こうして考えてみると、中秋節が家に閉じた年中行事ではなく、ビジネスと結びついたイベントになっていることが、現代社会で衰えることなくますます活況になっている理由といえるように思う(図32)。いい月餅を贈ることによる関係構築、メーカーにとっては年に一度の商機。伝統も、お金が動くからこそ活気付くといえようか。

しかし、進化する伝統の裏で、新たな問題も生じている。

◆食べきれずに廃棄される月餅

その一つは、食品ロス。大量に贈り合うと、食べきれない月餅も出てくる。近年は小型化しているけれど、世帯も小型化している。一個50グラムだとしても、詰め合わせの一箱を食べ終えるのに数日かかる。さらにそれが数箱数十箱とあるものだから、ビジネスの付き合いの多い人は、食べきれないいくらいの月餅を受け取ることになる。上海のビジネスマンは、「ある年は17箱もらった。一箱だいたい6個くらいだから、全部で月餅100個かな。さすがに食べきれなくて冷凍したよ」と教えてくれた。

冷凍できたらいいけれど、皆が大きな冷凍庫を持っているわけではない。香港の食品ロスに取り組む団体 Food Grace によると、2021年には464万個の月餅が食べられずに終わったという。[*99] 香港の人口は、740万人だ。

近年は、食べきれない月餅を回収して高齢者施設や生活困窮者に提供する取り組みも行われている。月餅は、日持ちがして高カロリーなので、エネルギー源として優秀だ。

◆美しい箱もゴミとなる

パッケージのゴミ問題もある。贈答品ということもあり、高級路線が広がるにつれてパッケージも手の込んだものになってきている。二段重ねの引き出しタイプ、木箱のものや金箔貼りなど、さすが見た目を重視する中国文化だ。月餅を一個ずつトレーに載せて、ビニールで個包装して、間仕切り付きの箱に入れて、包装し、それをギフト用バッグに入れる。何重にも梱包された月餅は、まるで宝石のようだ。実際、ティファニーの月餅ボックスは、宝石箱のように付属の鍵で開ける。しかし、どんなに凝ったパッケージでも、ほとんどの場合もらう側の関心は中身であって、パッケージはゴミになる。シンガポールの環境協議会（SEC）によると、月餅の包装の40パーセントは不要だという。[*100] 過剰包装に関しては定評のある日本、耳の痛い話だ。

そんな中、近年各国で過剰な包装を規制する法律やガイドラインが出てきている。中国の工業情報化部が提案した食品パッケージに関する指針では、月餅の梱包は個包装も含めて4層または3層以下にすること、パッケージにかかる費用は販売価格全体の20パーセント以下にすること、など具体的な数字が盛り込まれている。[*101]

近年の環境意識の高まりの中で、自然な流れではある。しかし、こういった新しい動きに対しては必ず「伝統」側からの反発があるものだ。その点で、香港の環境保護署のガイドラインは興味深い。簡易包装や再利用可能な素材を選ぶことを促している点は先の中国の指針と同じなのだが、「伝統的なパッケージは金属や紙などリサイクル可能なものだった」「伝統的な包装は1層か2層で十分」など、伝統を引き合いに現状を改めようと示唆しているのだ。[*102] 伝統というのはあいまいな言葉で、どの時点を基準にするかによって、話はいかようにも変えられる。「伝統」という言葉に込められた、慣れ親しんだ風習が規制されることへの抵抗とある種のノスタルジーを、先のガイドラインは時間軸をずらすことで丸め込んでいるのだ。

現代社会が直面している課題の中で、これまで続けてきた慣習をどう進化させ発展させていくのか。あらゆる伝統行事が抱える課題だと言えよう。冰皮月餅のようにおいしい進化はすっと受け入れられても、都合の悪いことは「伝統」にしがみついたりするのだから、人間はなかなか身勝手だ。慣れたものへの執着が「時代遅れ」にならないよう、気をつけたいものだ。

Column 5

ラマダンの時期、世界の食欲は増す

遠ざけるほどにそのことを考えてしまうというのは、人の性なのだろうか。

イスラム教において最も大事な行事の一つが、ラマダンと呼ばれる断食月だ。イスラム暦の9月にあたる一ヶ月間で、この期間、日が昇っている間は一切の食事を絶つこととされている。食事だけでなく、水もダメ。当然レストランも閉まっている。日が沈むと食卓を囲んで家族が集い、互いの家を訪れたり迎えたりして、食事をともにする。

私はこの時期にイスラム圏に滞在したことはないのだけれど、別の時期に訪れても本当によく話に上るし、いつか訪れたいと思っている。食をはじめさまざまな内面的欲望を慎み、善行や宗教的実践を積むことに励む、イスラム教において大事な期間だ。食のありがたみを再認識し、貧しい人の境遇に想いを馳せることも、目的の一つとされる。

ところが、食を節制する期間のはずなのに、逆説的に食が一番盛り上がる時期でもあるようだから興味深い。イスラム圏の家庭で聞くラマダンに関する話の8割方は〝ご馳走〟

に関することなのだ。「この料理はラマダンの時によく作るんだけど……」や「ラマダンの時期にはお菓子を山ほど用意して……」などなど、ラマダン時期の食の話になると、誰もが楽しそうな顔で語り出して話は尽きない。

普段は持て余してしまうような大皿料理が作られるのも、この時期だ。家族や親戚が集うのに加えて、隣人や貧しい人を家に招くこともあるから、大勢で食べられるのに十分な量を作るのだという。

甘いものは必須で、手の込んだお菓子の数々が作られる。バクラヴァ（ひと口大のナッツ入りシロップ漬けパイ）のように広い地域で食べられるものもあれば、インドネシアのナスタルというひと口大のパイナップルケーキ、トルコのギュルラッチというミルクパイのように、その地域その時期だけの特別な味もある。そういったお菓子は一種類だけではなくて何種類も揃えるから、すべて手作りするのは大変で、手作りと同じくらいお菓子屋さんも盛り上がる。お菓子屋さんの繁忙期は、ラマダンなのだとか。

インドネシアでお世話になった家庭の方は、普段は会社員だけれど、2021年のラマダンはコロナ禍で仕事がなかったこともあり、ナスタル屋を開いてひと儲けしたという。といっても店舗を作ったわけではない。「Instagram で宣伝して、WhatsApp で注文を受けて、「Gojek に配達をしてもらってね。スマホさえあれば、商売は簡単にできる。コロナ禍で仕事も暇だったからやってみたんだけど、100箱以上の注文が来て大変だった！」と、ノンストップで焼き続けた思い出を自慢げに語ってくれた。素人がやってもそれだけ注文が入るくらい需要があり、ナスタルの食べ比べや贈り合いがされるのだという。いやあ、ラマダン月はエンゲル係数が高そうだ。

上：ナスタル。小さくて作るのに手間がかかるが、味は抜群。
下：ナスタルを作るインドネシアの二人。

盛り上がるのは、お菓子のように実際口に入れるものだけでなく、食に関する情報も然り。日没と同時に食事がはじまるわけなので、これらのご馳走は昼間の断食中に用意することになるが、味見はできないし、普段作らないご馳走も数多くある。そういうわけで、レシピの需要が一気に高まる。料理レシピサービスのクックパッドは世界70ヵ国以上に展開しているが、イスラム圏で年間最もアクセス数が増えるのがラマダンの時期だ。アラビア語版クックパッドの一日あたりアクセス数は、ラマダン前の約2倍程度に跳ね上がり、ラマダンが終わると一気に元通り、または元より少ない数字になる。食への欲望を慎む月にこそ、たくさんの料理を作り、料理のことを考えるようになるというのは、なんだかとても、人間らしい感じがしてならない。

そしてラマダンの影響は、家庭の食卓や家計にとどまらず、より大きなスケールで経済にも及ぶ。北アフリカのスーダンでは、「ラマダンの時期には、食料がなんでも値上がりするんだよ」と教わった。特に砂糖は、この時期圧倒的に増えるお菓子作りのために値段が跳ね上がる。しかもその地域の店頭価格だけではないようで、34年分の砂糖の国際価格を分析した研究によると、ラマダンを前にして国際砂糖価格は毎年平均約6パーセント上昇しているという。[*103] 考えてみれば、世界人口の4分の1はイスラム教徒なのだから、それくらい大きな影響があったとしても不思議はない。しかし国際的な価格までも動かし、ラマダンとは縁のない私たちの食も知らないところで影響を受けているわけだから、すごいことだ。

そういうわけで人々はこの時期、普段以上に食を意識し、料理をし、ともに食べることを楽しむ。断食というとやせそうなイメージがあるけれど、体重が増える人も少なくないようだ。ラマダン時期の食と健康については多くの研究がされており、体重が減るという研究結果もある一方で、増えるという研究結果も一定数ある。*104 本来は「食のありがたみを再認識し、貧しい人の境遇に想いを馳せる」行事だが、毎日のように日没後の饗宴が続くとしたら、太ったとしても不思議はない。

話は変わるが、私は食中毒になり何も食べられなかった時、朦朧とする頭の中が「何を食べたいか」でいっぱいになっていた。Instagram の料理写真であふれるフィードをスクロールし、ネットでレシピを検索し、ありがたみ以上に執着を感じている自分にはっと気付いて、恥ずかしくなった。

比べるにはあまりに安っぽい話だが、食べられないという状況の中でより食のことを考えてしまうというのは、ラマダンの時の心理に通ずるものがあるのではないかと思う。これだけ食の情報に囲まれた時代において、真に食を絶つことは本当に難しい。街を歩いてもスマホを開いても、おいしそうな食べ物の写真や動画はわんさか飛び込んできて、食べることをやめたとしても考えることをやめるのは至難の業だ。

欲望を抑えきれていない（?）ラマダンには批判や苦言もあるのだろうけれど、現代のラマダンは昔はなかった誘惑と闘っているのだから、やっぱり大変なことだなあと思う。

第7章 食と気候

ウズベキスタン
日本の野菜は水っぽい？

「日本の野菜は、水っぽくて力がない」

日本に住む外国の方にそう言われることがしばしばあり、そのたびに悔しい思いをしている。東南アジアの人に言われたことはなく、特にヨーロッパから中央アジアあたりの人に言われることが多い気がする。一体なんなのだろう。本当にそうなのか調べてみた。

◆はじまりは、翡翠色の麺

ウズベキスタン出身ディーリャさんのお宅を訪ねた時のこと。彼女は結婚して２００６年に日本に来た。自宅で料理教室を開き、日本語でウズベキスタン料理を教えている。

シヴィト・オシュ。太めの手打ち麺は、もちもちで食べ応え抜群。

この日の主役は、シヴィト・オシュという美しい翡翠色の麺だった。ディルとほうれん草をミキサーにかけて小麦粉生地に練り込んで麺にするのだが、「日本のほうれん草は水分が多いから、水加減をうんと減らすの」と言う。ゆでた麺の上からかける野菜煮込みも、「日本の野菜は火が通るのが早いから、ウズベキスタンで作る時の半分以下の時間でできてありがたい。でもでき上がりの味が薄い」と言う。

日本の野菜は長時間の煮込みに耐えられないというのは、私も感じている。中東などで教わった料理を日本で作ろうとすると、煮ているうちにたくさん水が出てきて、あっという間に野菜がうんと小さくなってしまって同じようには作れないのだ。

考えてみれば野菜が違うのは当然だ。日本の年間降水量が約1700ミリであるのに対し、ウズベキスタンは200〜300ミリ。これだけ乾いた土地で、日本と同じくらいみずみずしい野菜が育ったらその方が不思議だ。他の中央アジアや中東の国々も、ほとんどの土地が乾燥帯で、灌漑をしてようやく作物を栽培している。

しかし気候の差だけで片付けられるのだろうか。品種の差による違いはどれほどなのだろうか。また、自分の親世代の方々は「昔の野菜は味が濃かった」と言うけれど、日本の気候が大きく変わっていないのに野菜の味が変わったのはなぜだろうか。

現代の日本の野菜が「薄い」「水っぽい」と言われる理由を、気候条件・土壌・栽培方法・品種の観点から一つひとつ検証してみたい。

◆気候条件——雨の多さは影響するか

真っ先に思いついたのは、「日本は雨が多いから、野菜も水っぽくなるのではないか？」ということだった。『作物生育条件と野菜の栄養成分・調理性との関係[*105]（吉田1998）』という論文では、灌漑の水量が多い区・少ない区のそれぞれでトマトを栽培して水分や栄養分を比較する実験を行っている。その結果、成った果実の水分（パーセント）はほぼ変わらないが、灌漑水量が多い方が、実が大きくなり100グラムあたりのビタミンC含有量は少ない傾向にあったという。

そういえば、最近人気の高糖度トマトは、高糖度品種というのがあるわけではなく、与える水の量を少なくすることによって糖度を上げると聞いたことがある。果実はひと回り小さく収まるらしい。つまり、作物に水を多く与えても、それがそのまま実の水分に反映されることはなく、水分は同じ。しかし身が大きくなりやすく、その分糖やビタミンCは希釈される傾向がある。甘みや酸味の元が少なければ、味は薄く感じるだろう。

◆土壌——酸性土壌に多くの肥料を投入

次は土壌に目を向けてみよう。日本は雨が多くて肥料分が流されやすく、そのために肥料を施す量も多くなっているのだそうだ。日本の単位面積あたり化学肥料使用量は世界的に見て多く、EU平均と比べても1・5倍だ（図33）。肥料が与えられすぎると、根は頑張らなくても養分をたっぷり得られるため、細かい毛のような根っこ（根毛）を発達させるのをやめるらしい。[*106] 農家の方と話していると、これを「怠けた根」と呼んでいて、なるほどと思った。

また雨によって土壌中のアルカリ性のミネラル分（石灰）が流出すると、土壌は酸性に傾

図33 **単位面積あたりの化学肥料使用量（2020年）**

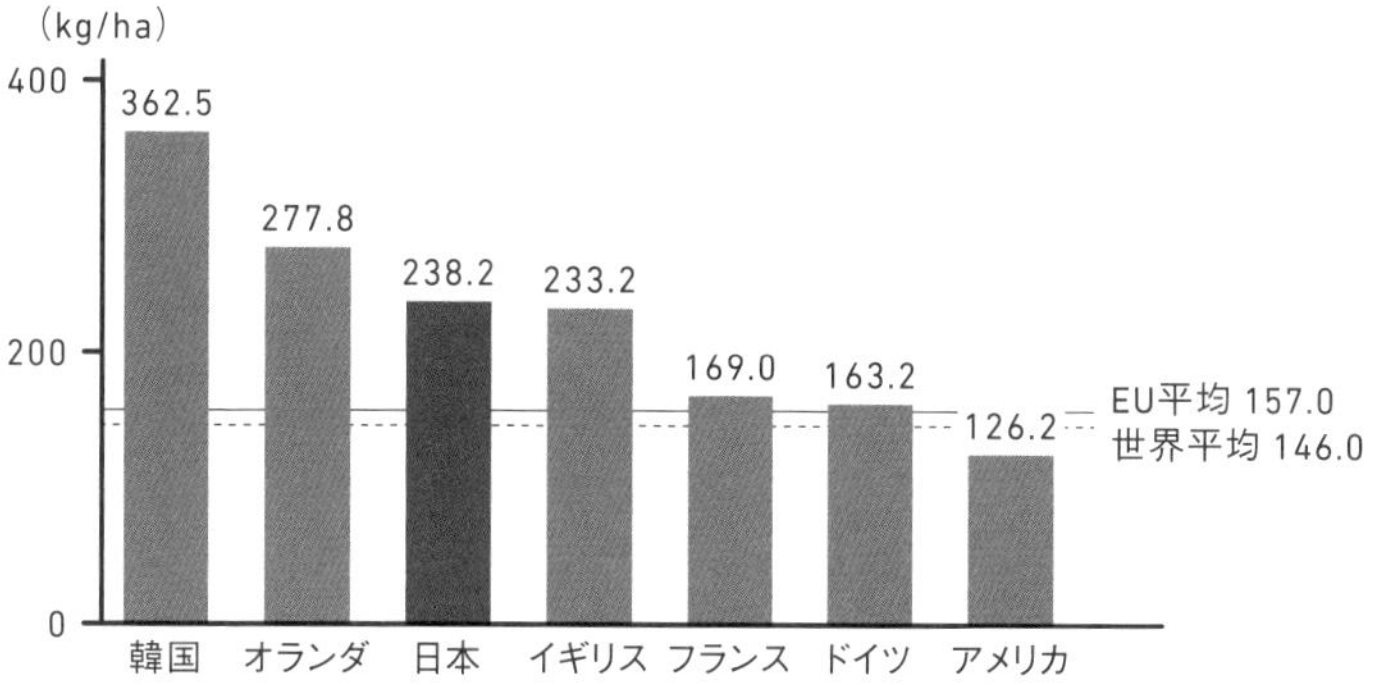

FAO*[107]より筆者作成

図34 **世界の土壌酸性度**

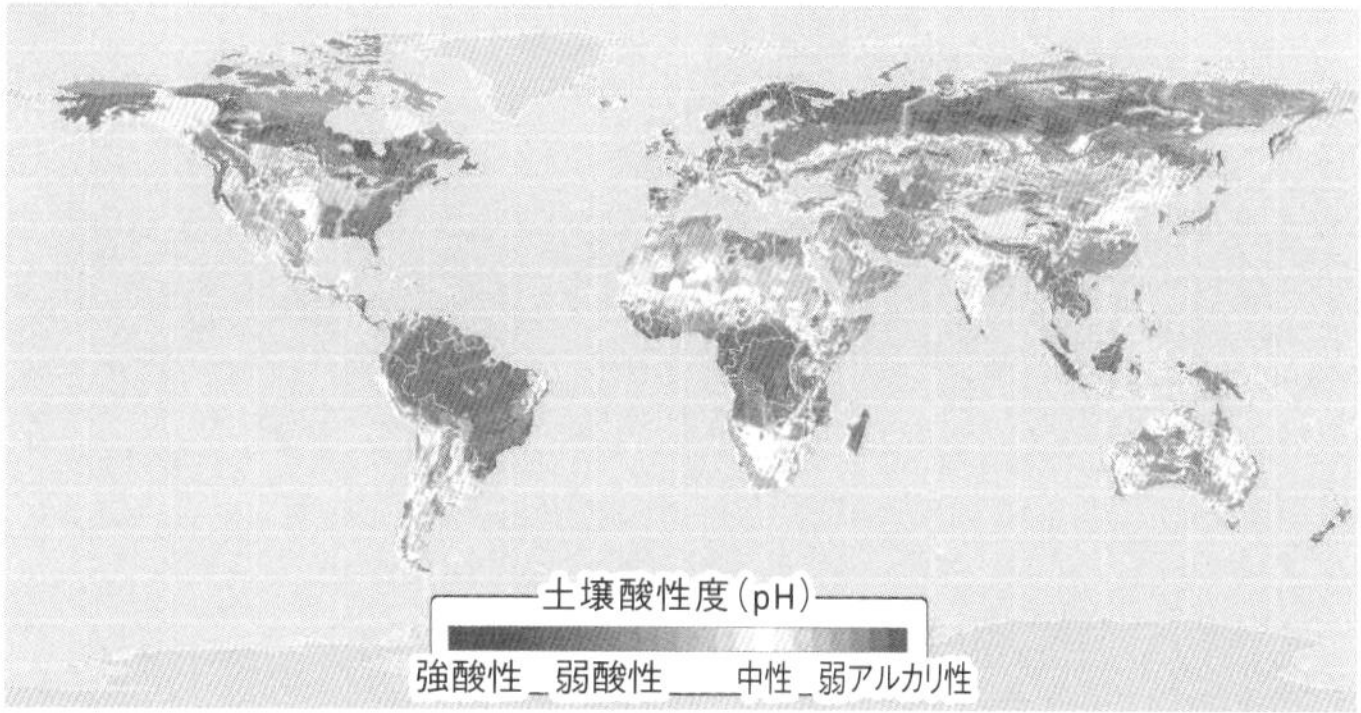

ウィスコンシン・マジソン大学 サスティナビリティ・地球環境センター
"Atlas of the Biosphere"より筆者作成

く。日本の土壌は世界的に見てかなり酸性に偏っているが、そこには雨自体も酸性であること、国土が酸性の火山岩でできていることなど、複数の要因がある（図34）。さらに化学肥料も多くは酸性であるため、肥料を与えることでも酸性は強まる。

これが野菜にとってよいかというと、多くの野菜は微酸性〜中性を好むので、行きすぎた酸性はよくない。そこで消石灰などアルカリ性の土壌改良剤を入れて中和する手段が取られるのだが、消石灰を入れすぎると土壌が固くなる。土壌が固くなると、ますます細かい根が発達しなくなり、「怠けた根」になるのだそうだ。

先のトマトの実験結果とあわせて考えると、「雨が多いから野菜が水っぽい」のではなく、「雨が多いことによって、作物に養分を届けるために化学肥料を与える量が多くなり、それによって身が肥大し、しかし光合成でしか生成されない養分やビタミンCは一定のため、味が希釈されて水っぽく感じる」と考えられるのだ。

◆栽培方法――肥料の与えすぎはえぐみの元

栽培方法も、野菜の味を決める重要な要素だ。

現代の日本の農業は、化学肥料と農薬なしには考えられない。１９４０年代から１９７０年代にかけて行われた緑の革命は、品種改良と農業技術の革新によって世界の農業生産量を飛躍的に向上させたが、そこで生まれた作物はよく言われるような「高収量品種」ではなく、正確には「大量の肥料に耐えることができ、肥料を増やすことで高収量が得られる品種」だった。

たとえば「奇跡の稲」と呼ばれるＩＲ－８。稲という作物は本来肥料を与えすぎると丈が伸びて倒れてしまうところ、茎部分を短くする改良を行うことで化学肥料をたくさんやっても倒れにくくした。これによって早く多く収穫することができ、アジアの食糧事情改善に大きく貢献した。こうした新品種作物が普及する中で、１９６１年から２０２０年までの約60年で、世界の化学肥料使用量は6倍以上になった*[107]。我々が日々野菜や穀物を食べられるのは、大量の肥料に耐えられる品種が普及したおかげなのだ。

しかし、化学肥料を与えれば与えるほどいいというわけではない。弊害としてよく農家の方が挙げるのが「硝酸態窒素（硝酸イオン）」の存在だ。化学肥料をたくさん与えると野菜は早く大きく育つが、過剰に与えられて使いきれなかった窒素分は、硝酸態窒素として野菜中に残留する。葉物は特に残留しやすく、これが野菜のえぐみの元になるのだという。公正のために強調すると、化学肥料自体がいけないわけではない。化学的に作られる化学肥料も、鶏糞や木灰などの有機物を利用する有機肥料も、肥料分としては同じで、量を与えすぎることが問題なのだ。

ただ、この話を聞いていてよくわからないのが、「硝酸態窒素がえぐみの元になるならば、えぐみがあった方が野菜らしくておいしいということにならないか？」ということだった。不快な味であるえぐみをあえて求めるというのも変な話なのだが、昔の野菜がよかったと言う人はえぐみをよいもののように語るし、えぐいと薄いは対極にあるような気がするのだ。そこで、最小限の有機肥料で育てた野菜を知り合いの農家さんに送ってもらい、スーパーの化学肥料育ちの一般的な野菜と食べ比べてみた。白菜の場合、前者はすっきりした甘さがあってすっと消えていくのに対し、後者はひと口目から甘いけれども舌に残るような感覚があった。「昔のほうれん草はえぐみがあった」と言う時のシュウ酸の苦味とはおそらく別の、違和感のあるざらっとした感じだ。

有機農業をする農家の方は、この過剰施肥によって大きく育った状態をよく「メタボ」と表現する。作物の生育のためによかれと与えた肥料が、野菜を肥大化させ、薄くてえぐみのある野菜を生み出してしまっているのだ。つまり「薄い味」の一因は、肥料の与えすぎにもある。

ただし、日本の単位面積あたり化学肥料使用量[*108]は、ピークだった１９７０年代後半からほぼ半減している。土壌診断をして、計画的に適正量の肥料を与えるよう農業指導が行われてきたこともあり、現在は言われるほどの過剰施肥問題はないのではという気もする。

◆品種——固定種とF1種

ウズベキスタンと日本ではほうれん草の品種も違うだろう。品種が違えば味や栄養が異なるのは当然だ。残念ながら、ウズベキスタンに流通するほうれん草の品種を特定することはできず、また日本の「日本標準栄養成分表」に相当するものがないそうで栄養素を比較することはできなかった。だが、ディーリャはウズベキスタンのほうれん草を「丈が短くて野菜よりも雑草の扱い、原種に近い感じ」と言っていたので、日本のものよりだいぶ荒々しいのは確かだろう。

日本の中でも、品種が違えば味が違う。私の地元の長野県では「ねずみ大根」という大根がある。普通の大根よりもずっと小さくて15センチほどの長さでずんぐりしているのだが、ものすごく繊維質で泣くほど辛い。もっぱら薬味用に使われて、すりおろしたその搾り汁をおしぼりうどんのつけ汁に使うと辛く爽やかな香りがつんと鼻に抜ける。大根ではなくごぼうなのではというくらい身が詰まっていて繊維っぽく、スーパーで売っている大根のようにサラダにして食べられる気がしない。

このねずみ大根は、長野県坂城町中之条地区で昔から栽培されている固定種だ。品種改良がされておらず、毎年できた野菜からタネを取り、撒いて育てることを繰り返すため、親から子、子から孫へと同じ形質が受け継がれていく。このような固定種野菜は、いまの日本ではまれだ。

「固定種の野菜はくせがあるけれど、そのための調理法がある。高菜ものらぼう菜もそうで、知っていれば味があってとてもおいしく食べられるのだけれど、面倒だから敬遠されるようになってきた」と農家の方は教えてくれた。今日本に流通する野菜の9割以上は品種改良されたF1種のタネから育てられており、全国どこでも同じ味の野菜がとれる。くせの少ない品種の野菜が生み出され、育てられるようになっているといえるだろう。

◆時短に向くのは「最高においしい野菜」よりも「味の薄い野菜」

では、一体何が、野菜の個性をなくす品種改良へと向かわせているのだろうか。

生産者観点では、育てやすくて高収量が見込めることが重要だ。商売として農業をやっているのだから、当然のことだ。また消費者観点では、「おいしくて扱いやすい」野菜がほしい。ここで注意したいのは、「おいしい」は100パーセントの手間をかけて100パーセントおいしくなるという性質のものではなく、20パーセントの手間で80パーセントくらいはおいしい、という効率性の中での話だ。

くせのある野菜は、おいしく食べるのに手間と時間がかかる。NHK「きょうの料理」

は1957年に放送がスタートした長寿番組だが、当時のテキストを見ると、野菜の下ごしらえへの苦労が感じられる。煮物に使う野菜は、大根や里芋はもちろん、にんじんすらも下ゆでして「あく」をぬいているし、青菜を煮るには重曹を入れると書いてある。[*109] 野菜の硬さも変わっているのだろうか、1968年7〜8月号の「おにしめ」では、最初にごぼうを鍋に入れてからの総煮込み時間が1時間半ほどになっているが、[*110] 現在のテキストでは30分だ。カリフラワーのゆで時間も、1959年3〜4月号「カリフラワーのクリーム煮」では10分となっているが、[*111] 今は2分程度が標準だ。『NHK「きょうの料理」における煮物調理の変遷調査（須谷2015）』[*112] によると、同番組で紹介された煮物のうち下処理の必要なレシピの割合を15年区切りで見ると、1960年度が最高で、以降1975年度、1990年度と減り続けている。

硬い野菜は火が通るのに時間がかかる。くせのある野菜はおいしく食べるための下処理に手間がかかる。一方、ここ50年の日本の台所において、時短は大きなキーワードであった。女性の社会進出が進む一方で家事への期待も依然高く、クリナップ株式会社の『キッチン白書2019』[*113] によると、1978年からの40年間で煮物の調理頻度は3分の2、漬物は3分の1に減少した。その他の調理法もすべて減少している中で、唯一増えているのは炒め物。最も調理時間が短い調理法だ。料理レシピサービスのクックパッドでも「簡単」に次いで頻出の検索キーワードは「時短」。同じものを作るなら時間がかからない調理法やワザを知りたい。そんな生活者のニーズがうかがえる。多くの消費者が現実に求めているのは、手間をかけてくせをおいしく食べる野菜よりも、短時間でそこそこにおいしく食べられる「味が薄い」野菜なのだ。

ディーリャは「日本の野菜はすぐ火が通るから、調理時間がうんと短くて済む。一方、ウズベキスタンでは野菜も肉も火が通るのに時間がかかるから、スープを煮るにも半日かかる。一品作るのに時間がかかるから、食事はメインが一品だけ。日本の食卓のように何品も作ることなんてできない」と教えてくれた。彼女の見せてくれたウズベキスタンのレシピ本では、プロフ(炊き込みご飯)を炊くのに1時間半ほどかかる。同じものを日本で作ると、20分ほどだという。複数のおかずが並ぶ日本の食卓は、「味が薄い野菜」のおかげで実現できているとも言える。

◆気候より社会的要請だった

味が薄い野菜は、決して調理の効率性だけでなく、味の面でも現代の日本社会が求めるものを作っていった結果だとも言える。

農家の方に聞いた話だが、大手飲食チェーンは、強い味のある葉野菜よりも、味の薄い葉野菜を仕入れたがるという。ドレッシングをかけるだけで提供できて、おいしく食べさせるために手がかからない。また「日本料理は素材の味を楽しむ」と言われる通り、薄味で手を加えすぎずに食べるのが、(少なくとも現代の)日本料理のよさだ。素材の味を楽しむために素材の味を薄くしているというのは逆説的にも聞こえるけれど、それが日本人の求めた品種改良だったわけだ。

と他人事のように言っているけれど、先ほどの食べ比べで小松菜を食し、自らもその需要を作っている一人であることを痛感した。スーパーの小松菜はゆでると透明感のある鮮やかな緑色になり、噛んだ瞬間「あまい」と感じる。やわらかいので10回も噛むと口の中からなくなる。一方低肥料無農薬の小松菜は、ゆで汁がみるみる深緑色の苦そうな色に染まり、ゆで上がりもくすんだ黄緑色で、噛むと後から甘さや苦味や酸味などさまざまな味がしてくる。力強い複雑な味わいがあるけれど、これを生かす調理には手間と工夫が必要だ。

どちらを日々料理に使いたいかと問われたら、悩ましい。スーパーで売っている野菜の方は、後味ならぬ先味がわかりやすく、シンプルに甘くて楽な味なのだ。くせがなくて柔らかいので、何も考えなくても料理できて、短時間の調理で食べられる。頭では低肥料無農薬の小松菜を選びたいと思うけれど、夜15分で食事を作ると考えたら、迷うことなくスーパーの野菜に手が伸びる。

薄い味は気候のせいと思っていたら、どうも社会的に作られた部分が大きいという結論に、至ってしまった。

野菜が食べやすくなったことで子どもの野菜嫌いが減ったとも聞くし、94歳の私の祖母は「昔のにんじんよりも今のにんじんの方がずっと好きだよ」と言うし、手間のかからない野菜によって台所仕事を担う人の負担が減ったならば、悪いことではない。それによって「素材の味を生かし、いろんなおかずがたくさん並ぶ日本料理」が発展したという功績もあるかもしれない。一方で、日本の野菜の味が昔から薄かったわけではなく、ここ数十年で「らしさ」を失ったという話はさみしくもある。作れなくなった料理や栄養素の犠牲も、きっとあるだろう。

現代の野菜の味は、人間の意志が作っているのだ。一体、自分は何を食べて生きていたいだろう。

コロンビア

豊富な気候帯が生み出す一杯のスープ

コロンビアは、南米大陸にある赤道直下の国だ。ペルーやブラジルと国境を接し、南米大陸では四番目の広さを誇る存在感のある国だが、日本ではいまいち影が薄くて、「アメリカの州の一つだよね？」などと言われることもある。

ちなみにアメリカに、「コロンビア州」は存在しない。ニューヨーク州のコロンビア大学と、サウスカロライナ州の州都コロンビアは存在して、いずれもクリストファー・コロンブスが大航海時代にこの大陸に到達したことに由来する。今回訪れたコロンビア共和国の国名も同様で、「コロンブスの地」というような意味がそのまま国名になった。あの広大な大陸の各地に名を残すコロンブス、すごい。

行く前は、この国のことをさっぱり何も知らなかった。「南米大陸に行きたい」と、大航海時代まがいな遠くへの憧れを友人に話して紹介されたのがコロンビアの家庭だった。思いつくのはコーヒーとサッカーくらい。でも赤道直下だし、きっと年中暑いだろうということくらいはわかった。

一家の庭からの風景。牛が草を食んでいた。

ところが、そのわずかな「わかっていること」も到着するなりすぐに打ち砕かれた。首都ボゴタの空港に降り立つと、寒いのだ。周りを見ると、みなダウンジャケットを着ている。実はアンデス山脈の北端で、標高2600メートルの高地なのだ。赤道直下と言っても富士山の6合目くらいの高さがあるのだから、それは涼しいに決まっている。平面の地図を見ていても世界は見えてこないのだと、思い知らされた。

◆とうもろこしパンケーキの歓迎

訪問先の家庭は、さらに山の方にあった。首都ボゴタから60キロほど車に乗せてもらってスエスカという町に着き、なだらかな山道を進んだ先に住んでいる。牛が気持ちよさそうに草を食み、「常夏の熱帯」はどこへやら、ヨーロッパかと思うような風景だ。

「コンニチハ！」と迎えられ、ガブリエル父さんに笑顔で家中を案内された。ガブリエルは日本文化が大好きで、扇子や掛け軸など、ご自慢の日本コレクションを次々と見せてくれる。禅部屋や茶室のようなものまで作り、研修を受け入れて人に教えることもしている。

ショッキングピンクのキャップ帽が似合うロザルバ母さんは、ご飯前なのに「お腹空いてない？　アレパ（とうもろこしパンケーキ）食べる？」と勧めてくれる。食事の前だからと遠慮したが、この手の質問は最初から結末が決まっている。逃れられない。ハムととろっと溶けたチーズがのったアレパをありがたくいただくこととなった。

◆溶けるじゃがいも、溶けないじゃがいも

アレパを食べたら昼食作り。今日のお昼は、アヒアコだ。「コロンビアの代表的な料理よ」と言う。コロンビアの中でも特にボゴタ周辺のこのあたりの地域が発祥のスープで、新年や家族の集まりなど、大事な時には必ず大鍋で作るのだそうだ。

まずはじゃがいもの皮をむく。とまずここで驚くことに、3種類のじゃがいもの袋がキッチンカウンターに置かれた。全部使うという。どれもじゃがいもであることに変わりは

ない、1種類ではだめなのだろうか。するとロザルバは、「煮込んだ時に具として残るものと、溶けてとろみになるもの。役割が違うよ」と教えてくれた。なんと、じゃがいもを使い分けているのだ。いや、使い分けているというよりも、別々の食材として見ているといった方が正しい。「メークインは肉じゃが、男爵はポテトサラダ」という使い分けではなく、「メークインを具材に男爵でコロッケを作る」といった感じだ。

相当な量のじゃがいもを、ロザルバは息をするように滑らかにむいていく。大きなボウルいっぱいにむいたら、まな板を使わず空中で器用にスライスする。じゃがいもと思った3種類目は、アラカチャという根菜だった。見た目はじゃがいもに似ているのだけれどやや長細く、にんじんやセロリと同じセリ科で味と食感も似ていて、煮るとほっくりする。年間平均気温15~20度、年間降水量600~5000ミリというかなり多雨な環境で生育する、アンデス原産、熱帯高地の作物だ。*114

さあ、準備はできた。

ネギとコリアンダー（パクチー）をビニール紐で大胆に縛って鍋に入れ、水と鶏むね肉も加え、ゆでる。少ししたら、とうもろこしを3つに割って投入する。

鶏肉に火が通ったら取り出し、出がらしになったネギとコリアンダーも取り出す。その

大量のじゃがいもを、まな板を使わずスライスしていくロザルバ母さん。

アヒアコの準備完了!

鍋に、ボウルいっぱいのじゃがいもを投入し、グアスカスという南米原産のハーブ、塩、それに固形コンソメを入れる。出したり入れたり、工程は混乱するけれど、そうしてひと鍋にいろんな食材の味が蓄えられていくように思える。

取り出した鶏肉が少し冷めてきたのでロザルバにならって手で裂いていると、鍋の中がとろっとしてきた。じゃがいものうちの一種、パパ・クリオーリョが溶けたのだ。角が取れるというのではなく、すっかり形がなくなった。なるほど、溶けるとはこういうことなのか。一方、もう一種類のじゃがいもパパ・パストゥーサはしっかり形がある。牛乳やバターは入れていないのに、クリームシチューのようにとろっとしている。体が温まりそうだなあ。

裂き終えた鶏肉を鍋に戻し、味をととのえ、でき上がりだ。

◆テーブルに並ぶ脇役の数々

しかし、でき上がりと思ってからが、案外長かった。

スープを器に注いだら、コリアンダーとネギの刻みを散らす。ご飯を皿によそって添える。丸く大きなアボカドを切り、小皿にのせて置く。さらに「これがないと」と言ってケイパーの酢漬けとクリームを冷蔵庫から出してきて並べる。スープの周りに脇役がこれだけあると、もはや食べ方に悩むではないか。家族の真似をしてケイパーとクリームをかけ、アボカドを沈め、とうもろこしは皿に取り出して、ご飯を合いの手に食べる。パズルのようだ。

とろっとしたスープは、「南米料理」という言葉からの想像を裏切る、穏やかで柔らかな味だ。辛くもなければ、スパイスの強い香りもない。日本にもありそうな素朴な味わいで、そこにグアスカスがほんのり香りを添える。アボカドやクリームの脂肪分はシンプルな味のスープを少しリッチにし、ケイパーの酸味が全体を引き締める。いろいろな食材が入っているものの、主張しない味のものが多く、折り重なって複雑な風味ができるというよりは、調和してまるい味ができていく。決して派手ではない、穏やかで家庭的な味が、お腹を温める。

◆食材の出身地の謎

それにしても、食材の取り合わせが気になる。産地を考えだすと、考えるほどに不思議なのだ。

じゃがいもとうもろこしはいずれも中南米地域が原産とされるが、生育環境が異なる。じゃがいもはアンデス高地の涼しい気候を好み、とうもろこしは温暖で適度に雨のある気候を好む。アボカドも中南米原産だが、熱帯の果樹だ。アラカチャは温暖湿潤な熱帯高地を好み、コリアンダーは冷涼な気候が好きで、みな好みがてんでバラバラ。もともとは同じ土地で育つはずがない子たちなのだ。「この地域の伝統料理」と言われたら、土地の気候にあった食材でできていることを期待するけれど、全然そうではない。しかも、外来のものだったら貿易のためかと納得もできるが、どれも中南米原産でありながら育つ場所が違うのだ。中南米の範囲の中で、交易が行われたのだろうか。どうしたものか。

数日間、頭の片隅に疑問を持ちながら暮らしていたが、コロンビア各地を訪れ、地形と気候を知り、少しずつ理解できてきた。この国の気候では、国内ですべて育つのだ。

土地の気候を俯瞰的に理解するには、ケッペンの気候区分（図35）が便利だ。100年ほど前にドイツの地理学者ケッペンが考案したもので、土地の植生に注目し、年間降水量と気温に基づいて地球上の土地をいくつかの気候区に分類したものだ。逆にいうと、気候区分図を眺めれば、どこの土地が暑いのか寒いのか、そこではどんな野菜が育つのか、おおまかにわかる。たとえ行ったことのない土地であってもだ。

世界の気候は、まず樹木の有無と年間気温によってAの熱帯気候からEの寒帯気候までの五つの気候区分に分かれ、その中で降水量によりまたいくつかに分かれる。高校の地理の授業でこの概念に出会って以来、ケッペン先生を敬愛している。樹木と気温と降水量というシンプルな指標だけで、地球上のあらゆる土地の生活が浮かび上がってくるなんて、すごいではないか。この概念を持ち出すと、平面の地図が立体的になり、世界が少し解像度高く見えてくる。

さて、ケッペンの気候区分を用いて、コロンビアを眺めてみる。図36が、コロンビアの気候区分図だ。

コロンビアの国土には、アンデス山脈が南北に通っている。東支脈・中央支脈・西支脈に分かれており、その間の谷も含め複雑な地形を生み出している。首都ボゴタは、東支脈の高地に位置し、年間を通じて過ごしやすい気温の西岸海洋性気候（Ｃｆｂ）だ。さらに山を登って高みに行くと、低温で樹木の生えないツンドラ気候（ＥＴ）の地域がある。山を降りてずっと西に行くと太平洋にあたり、この付近は標高0メートルの熱帯雨林気候（Ａｆ）だ。さらに東の方に行けばアマゾンの熱帯雨林が広がっており、一部には乾季があって熱帯モンスーン気候（Ａｍ）やサバナ気候（Ａｗ）も見られる。そんな湿潤な土地と隣り合うようにして、カリブ海に突き出した北端のグアヒラ岬には砂漠気候（ＢＷ）も見られる。一つの国の中に、Ｄ気候以外のすべてがあるのだ。地域性豊かと言われる日本でも、ＣとＤしかないのに、コロンビアの多様性ときたら。ブラジルの隣にあると小さな国に見

図35　ケッペンの気候区分

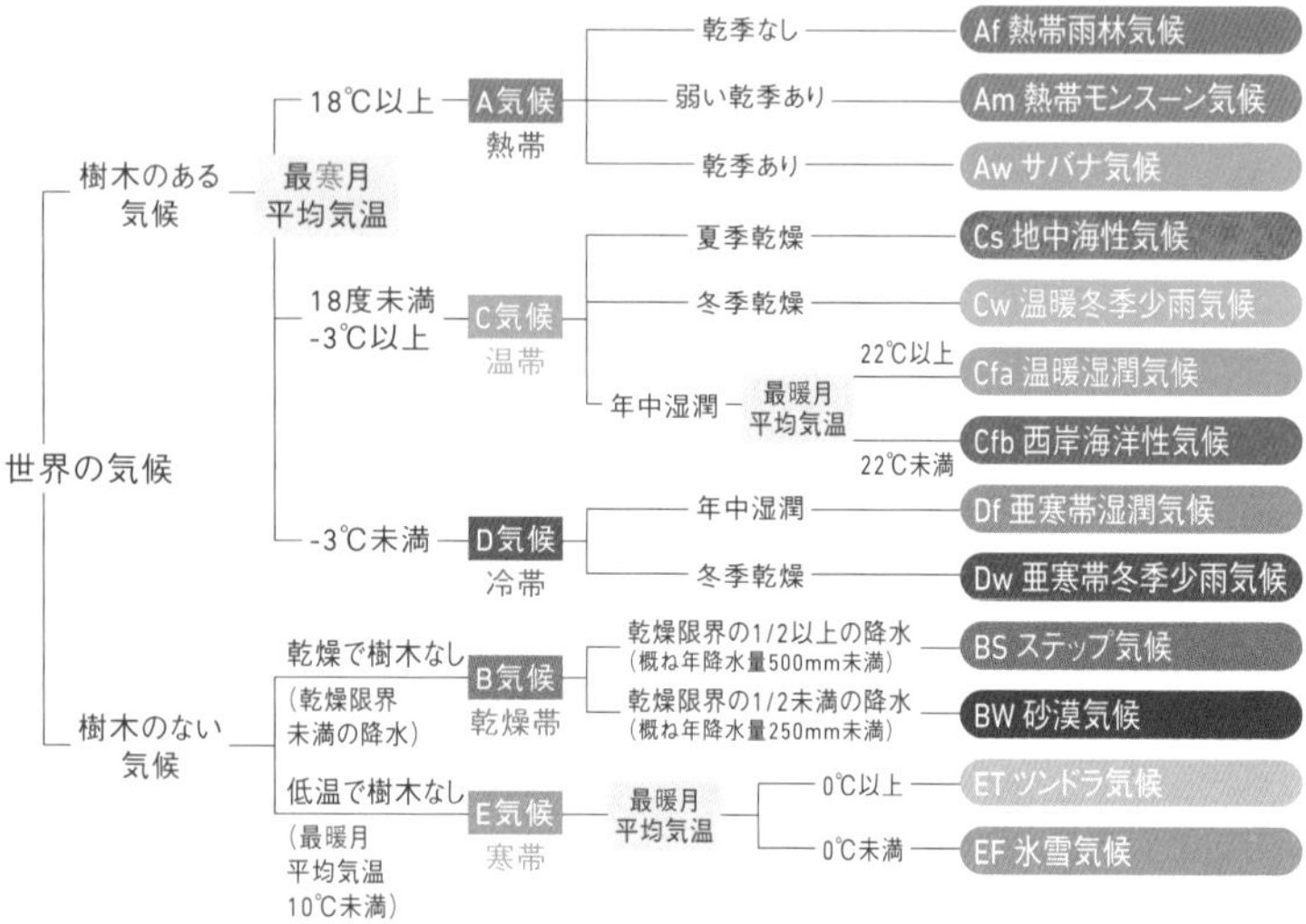

えるけれど、この中に熱帯も砂漠も高山もぎゅっとある。

そういえば、近くの市場に行くと、かなり涼しくて売り子のお母さんはアンデス色のポンチョを着ているのに、売っているものはアボカドやバナナなどの熱帯果実だった。熱帯雨林から山の上に運んでくるのに、国境という障壁がないから、多様な気候帯の食物がするすると集まってくるのだ。

調べてみると、コロンビアは単位面積あたりの生物多様性が世界一[*115]。たくさんの種類の動植物が育つということは、多種多様な食材があるということだ。そんなこと

図36　コロンビアの気候区分図

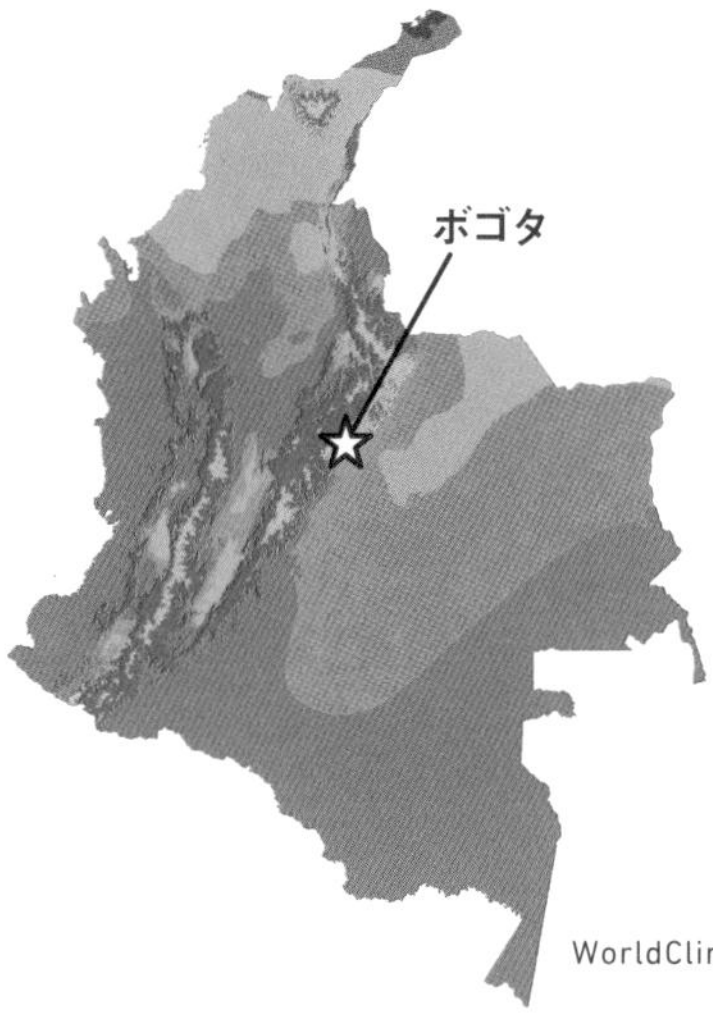

WorldClimのデータに基づいて作図
色は図35の区分による

を知ってからアヒアコを見ると、納得がいく。アンデスの山の上を好むじゃがいもから、海沿いの熱帯育ちのアボカドまで。ちぐはぐに思えたこの料理は、まさに生物多様性の国コロンビアを象徴するものだったのだ。

◆気候帯に貿易をトッピング

ちなみに、国名の由来となっているコロンブスだが、彼の到来がなければこの料理も今のような形にはなっていなかっただろう。中南米原産の食材が多く使われているように見えて、実は大航海時代以降にヨーロッパから持ち込まれたものも多々ある。鶏肉は大航海時代の１５００年代前半に持ち込まれたものだし、米も然り。クリームとケイパーは、だいぶ後になってから追加されたもので、ヨーロッパの産物だ。[*116]ケイパーに至っては、今も世界の生産量のほとんどは地中海周辺地域に集中していて、スペインなどから輸入してアヒアコにのせている。

　多様な気候帯だけでは、ここまで豊富な食材を重ねて作ることはできなかったはずだ。料理は、地理と歴史でできているのだ。

Column 6

世界の家庭の朝食はパンとシリアル化が進む

世界の朝は、どんな食事ではじまるのだろうか。

イギリスは卵にベーコンにハッシュドポテトにトーストと盛りだくさんなイングリッシュブレックファスト、ベトナムはライスヌードルの汁麺フォー、メキシコはとうもろこし粉の生地をとうもろこしの皮で包んだちまきのようなタマレス。世界各地お国柄の表れた朝食が知られ、旅のガイドブックを開けば、普段は朝食を食べない人でも食欲がわいてくるような魅力的な料理の数々が飛び込んでくる。レストランや街の屋台に繰り出せば、そんなガイドブック通りの「ご当地朝ごはん」が待っていて、世界の多様さを朝から体感できる。

しかし家庭の現実はもっとずっとシンプルで似てきているというのが私の実感だ。家庭の日常では、冒頭に挙げた三つのいずれの朝食も作らない。それらは外で食べるか、特別な時に作るか、あるいは過去のものになっているかのどれか。日本の朝を象徴する「ご飯と味噌汁と焼き魚」だって、今や日常食ではなく旅館の朝食と化しているではないか。代わって幅を利かせているのが、パンとシリアル。日常の朝食は、案外どこにいっても似たようなものに出会う。

世界の家庭を訪れると「朝は手軽にパンかシリアル」というパターンのいかに多いことか。アメリカやヨーロッパの国々だけでなく、タイでも、南米のコロンビアでも、アフリカのケニアやボツワナでも、とにかく「パンでいい？」に遭遇する。たとえばインドネシアは、伝統的には一日分の食事を朝にまとめて作るため、朝食が昼食並みに充実しているのだが、都市の暮らしはその限りでない。ジャカルタ郊外に住む家族は、ふわふわの食パンにマーガリンを塗ったのをコーヒーで流し込んで、めいめい慌ただしく仕事に向かっていった。

なんというか、さみしい気持ちもあるのだけれど、考えてみれば人類の朝食がパンかシリアルにたどり着くのは極めて当然でもある。朝から調理に時間をかけられる人は少ないし、食べることをゆっくり楽しむ余裕も大抵ない。それよりも、始動するためのエネルギー摂取に重点をおくのが、朝という時間帯の食事だろう。調理の手間がなく、活動のエネルギー源となる炭水化物が摂れて、しかも保存も効く。パンやシリアルは完璧な選択肢だ。言い換えると、朝食に適した食べ物には条件があり、そのバラエティは昼や夜の食事に比べて限られるはずだ。

では、一体朝食に求められる条件とはなんだろうか。いったん、朝食成立の歴史に目を向けてみよう。

アンドリュー・ドルビー著の『図説朝食の歴史』*117によれば、朝食の誕生は約9000年前の新石器時代で、きっかけは保存した食料の登場だったという。それまでの狩猟採集をベースとした生活では、一日の大半を食料を集めたり狩ったりすることに費やし、食料が得られてはじめて食事にありつけたのだ。一日の終わりに一食だけとるのが当たり前。旧石器時代の食の調査をした社会人類学者レヴィ・ストロースの記録には「朝食」という言葉が見当たらないそうだが、これは狩猟採集民の共同体に朝食がなかったというよりは、朝起きてすぐ何かを食べられるなどということはあり得なかったと解釈できる。

新石器時代になって農業が始まると、余剰農産物を貯蔵するようになる。これが画期的なことで、食物の貯蔵システムが成立してはじめて、一日の活動をはじめる前にとる「朝食」という概念が登場できたのだ。今や朝10分でお腹が満たせることを当たり前のように思っているけれど、朝食というのは貯蔵された食物があってありつける、実に贅沢なものなのだ。

こうしてはじまった朝食は、９０００年経った現代もやはり、「貯蔵された食物を使う」という元々の性質をとどめているように思う。というのも、今まで私が世界で出会った家庭の朝食は、だいたい以下のような貯蔵に向く食物の組み合わせで構成されているのだ。

●保存の効く炭水化物

世界中で幅を利かせるパンやシリアルは、棚から出してきてほぼそのまま食べられる。オートミールは水かミルクを加えて火にかければまもなく粥になる。

米は、炊かなければいけないので他と比べてやや時間がかかるが、その分調理の工夫がある。タイやインドネシアの田舎では女性が早起きしてご飯を炊くけれど、これは朝だけのためではなく一日分のまとめ炊き。今は炊飯器も普及しているので早起きしなくてもご飯の朝食が食べられるし、前日の残りご飯を炒めてナシゴレン（炒飯）にすることもある。とはいえ、時間効率を追求する都市部では多くがパンとシリアルに置き換えられている。

麺は、朝から家庭で料理する文化は思い当たらないけれど、食事作りがアウトソースされたアジアの屋台朝食では定番だ。一人分ずつを素早く提供できるから都合がいいのだろう。

●肉や乳製品の保存食

ハム、ベーコン、ソーセージ、チーズ。これら歴史の長い保存食は、特に肉食文化の強いヨーロッパ地域に根付いている。大昔は、獲物を獲ったらその日のうちに食べ切らなければいけなかったのが、塩蔵や乾燥といった方法で保存ができるようになり、朝から肉が食べられるようになったのだ。

乳製品も同様だ。画期的なのは、保存が効く上に加熱すらせずに食べられるという点。ヨーロッパの北の方の多くの国では、パンにハムやチーズを載せたものが日常的な朝食だ。火も包丁も使わず、ものの数分でタンパク質豊富な朝食が用意できる。

●卵料理

硬い殻に包まれた卵は、生まれながらにして保存食だ。常温で数日間は置いておけて、毎日安定供給されるタンパク源。しかも調理も短時間でできるとあって、世界各地で広く朝食用の食材として重宝されている。一人あたりの卵消費量が世界で最も多いメキシコの家庭では、朝の食卓には必ず卵料理が上った。ウエボス・ランチェロス（目玉焼きのサルサ掛け）、ウエボス・ア・ラ・メヒカーナ（国旗カラーのスクランブルエッグ。赤のトマト、白の玉ねぎ、緑の青唐辛子を使う）をはじめ朝食卵メニューのバリエーションは多く、逆に昼食や夕食で卵を食べた記憶がない。

●野菜の漬物や果物の保存食

炭水化物は、そのままでは味が退屈だ。そこで、塩気があって食が進むおかずが登場する。日本だったらたくあんや糠漬けをはじめとする漬物類、中東ヨルダンではオリーブ漬けやなすのオイル漬け、アジアでは魚や大豆の発酵食品はじめ各種ご飯のお供。しょっぱい系だけでなく、ヨーロッパのパンのお供にはベリーやフルーツのジャムのような甘い系もある。

一時期に大量にとれた野菜や果物を保存すれば食べられる期間を長くでき、一度仕込んだものは瓶を開けるだけですぐに食べられる。調理要らずで、ビタミンやミネラル豊富な野菜や果物を摂れるというのは、朝食にぴったりだ。

●前日の残りのおかず

特にアジアの国々で多いようだ。冷やご飯を炒めるのも然り、前日のおかずの残りを再調理したりもする。気温が高く、食べ物がいたみやすいので、日中暑くなって食べられなくなる前に消費する必要がある、というのが理由のようだ。

ただし、冷蔵庫の普及によってこの必要性は大幅に低下した。朝に食べ切らなくても、昼食や夕食までとっておくことができるし、朝は朝に適したものを冷蔵庫に保存しておくこともできるからだろう。田舎の方では、夜まで残ったものは犬や鶏や豚などの家畜にやるというのもよく見かける。

朝食成立の歴史や、世界の朝食の様子を知ると、過去から現代に続く朝食の要件が見えてくる。

まず、準備にそれほど手間はかけられない。昔も今も、朝の時間は貴重だ。朝食の支度に1時間かかったら、農作業の時間が1時間減るし、学校や仕事の始業時間が決まっていたら1時間早く起きなければいけない。手早く準備しようと思ったら、貯蔵した食べ物または調理済みの食料に手が伸びる。

栄養素の観点からは、炭水化物とタンパク質を中心に構成されよう。朝摂るべき栄養素について、先のアンドリュー・ドルビーは「塩味、甘味、それに少しのタンパク質が必要だ。夜に失った水分を補うために、少しの水分も必要だ」と語っているし、日本の栄養士は「脳のエネルギー源となる炭水化物、体温を上げるタンパク質、それら栄養素を効率よく利用するためのビタミン・ミネラル」をたいてい挙げる。世界の朝食から共通部分を考えると、炭水化物とタンパク質と水分はマストで、野菜や果物は微量でもあるとよいようだ。

そういった制約の下で選ばなければいけない朝食は、どうも他の食事よりも選択肢が限られそうだ。食べたいものではなく手に入るものから決めなければいけない。すると必然的にありきたりな内容になり、ルーチン化していく。朝食のマンネリに悩む声もよく聞くが、朝食とはそもそもマンネリなものなのだ。それこそが、朝食なのだ。

そして、そう考えるとパンにハムやチーズをのせてコーヒーを添えた朝食や、シリアルにミルクをかけた朝食が、いかによくできたものであるか身に沁みてくる。火を使うことなくたった数分で用意できて、炭水化物もタンパク質も水分も摂れて、野菜の保存食や果物のジャムも合わせやすい。なんと合理的で完璧な食事なのだろう。世界中に広がるのも、悔しいが必然だ。

第8章 食と民族

パレスチナ

国境よりも堅いオリーブの木と自家製オリーブ漬けの誇り

パレスチナという地名を、聞いたことがあるだろうか。ニュースなどで一度は耳にしたことがあると思うが、では地図上でその位置を指すことができるだろうか。これが簡単なように思えて、案外難しい。

パレスチナを訪れたのは、意図せぬことだった。イスラエルに行くのだけど知り合いがいないかと友人に尋ねて、紹介されたのがパレスチナの人だった。地図で見るとイスラエルの中にあるし、「パレスチナ自治区」という言葉も聞き覚えがあるから、イスラエルの中の一地域なのだろう。そんな気持ちで、その紹介された方と事前にメッセージのやり取りをしていると、なんだか話が食い違う。「イスラエルには29日に行くね」とか言うと、「オッケー。で、パレスチナにはいつ来るの？」と聞かれる。同じことではないのだろうか。

◆バス内の緊張感

イスラエルに入り、聖地エルサレムを散歩して、それからパレスチナの最大都市であるラマッラーに向かった。そこが待ち合わせ場所なのだ。

エルサレムからラマッラーへは、路線バスが出ているのだが、こんな緊張感のある路線バスに乗ったのははじめてだ。イスラエルとパレスチナの境界に近づくと、途方もなく高いコンクリートの壁や軍事施設のような無機質な建物が目につくようになる。そして、ぎらぎらと存在感を放つ赤い警告看板が見えてきた。「この先の土地には、イスラエル国民は立ち入ってはならない。身の危険があり、イスラエルの法律にも反する」と脅しめいたことが書かれている。イスラエル人が使うヘブライ語、パレスチナ人のアラビア語、そしてその他の者のための英語、三つの言語でだ。つまり、ここを通るすべての人が、警告を理解することができる。みな私と同じように、どきっとするのだろうか。

看板を通り過ぎるとまもなく、バスが止まる。「チェックポイント！」と言う運転手の声が聞こえる。これがチェックポイントか。イスラエルとパレスチナの境界にある、いわば国境のゲートのようなものだ。イスラエル兵士がバスに乗り込んできて、一人ひとりの乗客を確認していく。といってもパスポートを渡して顔を見られるだけなのだけれど、相手は兵士だし武器を持っている。背筋が凍るような緊張感で順番を待ち、全員終わって無事バスが発車するまで、背もたれに寄り掛かることもできなかった。たった数分間の時間が、永遠のように感じた。ヨーロッパの国境越えとは比べ物にならないくらい、怖かった。

チェックポイントを越えると、そこは別世界。先進的なビルが建つイスラエル側とは打って変わって、石造りの古い建物が立ち並んでいて、アラビア語の看板が目立つ。しかし警告看板に書かれていたような「身の危険」を感じるかと言うとそんなことは決してなく、人々は至って普通に買い物していて、ラマッラーの中心地にはおしゃれなコーヒーショップやスムージースタンドがあって若い子たちが集っている。一体、あの警告はなんだったんだろう。

◆丘の上の台所へ

エルサレムを出てから小一時間ほどだっただろうか。短い長旅の先で迎えてくれたのが、メッセージをやりとりしていたナウラスだった。イスラム女性のスカーフを頭にまとって、夫と三人の娘たちと一緒に、車にぎゅうぎゅう詰めになりながらみんなでバス停に迎えにきてくれた。一家は、丘の家の一軒家に暮らしている。3歳、7歳、10歳の娘たちはチャーミングで懐っこくて、すぐに私の遊び友だちになった。

ナウラスの家の台所では、いくつもの料理を作った。ズッキーニをくり抜いてひき肉あんを詰め、それを揚げて煮るという手の込んだ料理は、長女のディナも参加して一緒に作った。突然停電になった日は、その残り物のひき肉そぼろをパンに挟んで、小さな薪ストーブの前にみんなで集まって焼きながら食べたらピクニックみたいだった。朝食のトマト炒めは、ナウラスの夫が作ってくれたのだけれど、台所で両手鍋で炒めていると思ったらその鍋ごとストーブの炎の中に放り込んでびっくりした。「高温で一気に煮立たせるのがおいしさの秘密さ」とこだわりを自慢げに話してくれた。末っ子ゼイナは、父が作るトマトとアボカドを炒めたのが好きだ。

そしていずれの食卓でも、必ず登場したのが、オリーブの塩漬けだった。台所のカウンターに瓶がいつも置いてあって、食事の時に小皿に出して食卓に並べるのだ。さもないように見えて、これがなかなかおいしい。食べ慣れたオリーブの塩漬けとは風味が違って、漬け液の中にはレモンが皮ごと入っているから、少し苦いのだけれど爽やかで、食べ飽きない。「朝食はパン、オリーブオイル、オリーブ漬け、そしてザータル（ミックススパイス）」

朝食のトマトとアボカド炒めを作るお父さん。待ちきれない末っ子ゼイナ。

オリーブの塩漬けは、毎日食卓に上っていた。

というのが伝統的な基本形らしいのだけれど、パンをオリーブオイルにひたしてザータルをつけて食べるから、実質おかずらしいのはオリーブ漬けのみだ。それくらい、食卓で重要な地位を占めている。

◆オリーブの木への思い

このオリーブ漬けは、自家製だ。一家と過ごすうちに、オリーブは食料以上に重要な意味を持っていることを知った。

食後、「散歩に行かない?」というナウラスの誘いで、子どもたちと一緒に立ち上がった。外に出ると、冷たくて乾いた空気にすかっとする。この家の一帯は丘になっていて、見晴らしがよく、ずっと向こうまで石造りの家と畑とが続いている。その間をゆるやかにカーブする小径が続いているから、気持ちよくて、思わず子どもたちと一緒に走り出した。ナウラスは、笑いながら後ろから追いついてきて、教えてくれた。

「この両脇に生えている木、なんだかわかる?」

なんの木だろう。見たことはある気がするけれど、わからない。

「オリーブの木なのよ。私たちのアイデンティティなんだよ」

オリーブって、こんな木なのか。「なんでアイデンティティなの? 特産なの?」と尋ね

図37

オリーブの木

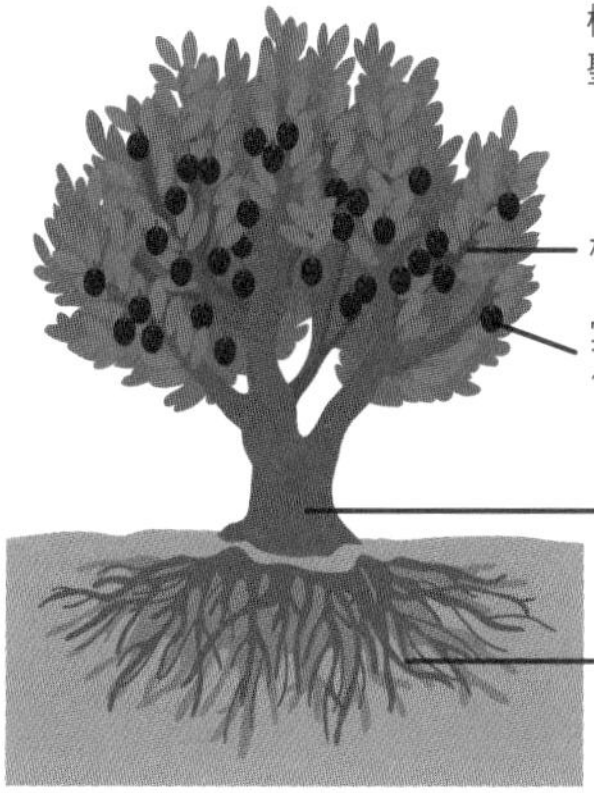

樹齢1000年を超えるものもある長寿な木。
聖書にもよく登場する。
枝は平和の象徴。国際連合旗にも使われている。
実は油脂に富み、オイルを搾ったり漬けたりする。
1本の木から10 ～ 100kgほどの実が採れる。
幹はものすごく硬く、
これで作られた調理道具は一生使える。
根を広くがっしりと張り、乾燥にも耐える。
地上部分が焼かれてもまた新しい芽を出す。

ナウラスと子どもたちと散歩。右にも左にもオリーブの木。

ると、予想だにしない重たい答えが返ってきた。

「オリーブの木が生えていれば、パレスチナ人の土地だとわかるの。たとえ土地を追われても、戻って来られる」

彼女の解説は続く。「ここに掲げてある男の子の顔のポスターは、先月イスラエル兵に銃撃されて亡くなった子。それから、むこうの山に見えるあの集落は、難民キャンプ」。

忘れかけていたけれど、ここはそういう現実を抱えた地なのだ。オリーブの木は、地中にがっしりと根を張り、簡単には引っこ抜けない。木質は硬く、切り倒すのも一苦労だ。暮らしの中にも深く根ざし（図37）、言われてみればまさに、動かぬ土地所有の証拠だ。

◆土地を追われて

土地と聞いて、はっとした。パレスチナのここヨルダン川西岸地区に住む人の四人に一人以上[*118]は、土地を追われた難民だ。土地に対する執着は、何も考えずに住み続けられる私たちとは比べものにならないくらい強い。

ナウラスの夫の両親も難民だ。彼の親はかつてヤッファ（Jaffa）というテルアビブ近くの町に住んでいたが、ある日ユダヤ人がやってきてイスラエルを建国すると、家を追われ、約60キロ離れたこの地に移り住んだ。いつか帰ることを夢見て、家の鍵だけを持って出てきたそうだが、それから早70年。いつ帰れるかわからぬままに、子どもが産まれ、家族は増え、家は三世帯が同居する手狭な状態になった。

当初は仮住まいだった住居も、今は石造りの建物になり、難民キャンプといっても普通の街のような風景だ（ただし恐ろしく過密で家と家との間に隙間はない）。ナウラス夫婦も、結婚当時はこの家の一室に住んでいたが、数年前に引っ越しを決めた。

「住環境のためじゃないの。狭いのは我慢できるけれど、日々の生活が脅かされるのは耐えられない。あの家はエリアBにあるから、パレスチナの防衛下になくて、いつだってイスラエル兵がやってきて襲撃される危険がある。一番目の子が生まれたばかりの頃に、夜中に突然夫が連行されることが何度かあった。もう戻って来ないんじゃないか、子どもに何かあったらどうしよう、と考えだしたら怖くてたまらなくて、引っ越しを決めた」

恐ろしい話だ。しかし、わからないことがたくさんだ。パレスチナの土地なのに、いつだってイスラエル兵がやってこられるというのはどういうことなのだろうか。エリアBとは何なんだろうか。

これを理解するには、イスラエルとパレスチナの成り立ちを知る必要がある。

◆イスラエル建国がもたらしたもの

イスラエルという国は、1948年に建国された。世界中にディアスポラとして散っていたユダヤ人が参集して建てた、世界で唯一のユダヤ人多数派国家だ。

そもそも「ユダヤ人」というのは、特定の地域に住む民族集団ではなく、ユダヤ教を信仰するなどの共通性のもとに民族としての意識を持つ人々のこと。世界各地に散って生活していたが、ヨーロッパなどでの迫害を経て、19世紀末より自らの国家を建てようという機運が高まり(シオニズム)、シナイ半島にあるこの地を目指した。なぜここでなければいけなかったかと言うと、ここが「神に与えられた土地」だからだ。ユダヤ人は、その経典である旧約聖書の3000年以上前の記述に基づいてここが「ユダヤ人が神から約束された土地」であると主張する。*119

しかし一方、19世紀の時点ではアラブ人(今で言うパレスチナ人、大半がイスラム教徒)が根をおろして生活していた。彼らからしたら、自分が生まれ育った土地に急に知らない人たちがやってきて国を建てるのだから、たまったものではない。さらにややこしいのが、当時この土地を統治していたイギリスが、ユダヤ人ともアラブ人とも、それぞれにこの土地での建国と居住を認めるような約束をしていたという事実だ。ユダヤ教国家の建設を支持するバルフォア宣言と、アラブ地域の独立と居住を認めるフサイン＝マクマホン協定は、互いに矛盾するように見えることから、イギリスの二枚舌外交と称される。これによって、どちらも権利を主張するという状況が起こってしまった。

ユダヤ教とイスラム教の両方にとってエルサレムは聖地であるし、容易に譲歩できる土地ではない。ここから今に続くイスラエル・パレスチナ問題がはじまる。

◆引きちぎられるパレスチナ

さて、冒頭でパレスチナを地図上で指差すのが難しいと書いた。というのも、もはや地図上に引かれた「公式な」線と現実がかけ離れているのだ。パレスチナ領土の変遷を表した、図38を見てほしい。

１９４７年、国連分割決議によってイスラエル領とパレスチナ領を分ける線が引かれ、翌年イスラエルが建国された。それまでパレスチナの人々が住んでいた土地の半分以上がイスラエルに与えられるという内容に、パレスチナの人々は当然反発し、第一次中東戦争が勃発した。戦争は2年ほど続き、その結果、パレスチナは土地を奪還するどころか、武力で勝るユダヤ人側がさらに領土を広げることとなった。この時に引かれた１９４９年の休戦国境を「グリーンライン」と呼び、その後実質的に領土を分ける線として運用されるようになった。[120]パレスチナ人は住んでいた土地の約75パーセントを失い、土地を追われた人々はヨルダン川西岸地区とガザ地区、それからヨルダンなど周辺国に散った。ナウラスの夫の両親たちも、この時逃げてきた。

それから20年。1967年の第三次中東戦争で、さらにパレスチナの領土は侵食された。以降イスラエルは、軍撤退を求める国連決議に従わず、半世紀以上も「パレスチナ領土内の占領」、すなわち入植活動を進めている。

ナウラスの車で街に向かって走っていると、時々数メートルほどの高いコンクリ壁に遭遇した。このコンクリ壁の中はイスラエル人が住んでいる「入植地」なのだという。中には学校や職場もあるらしい。パレスチナの土地に、イスラエル人がやってきて居住地をつくっているのだ。この国際法違反である入植活動が続けられ、今や入植地はパレスチナ内に130以上もある[121]（2020年12月時点）。パレスチナの土地は、地図で見るような小さな地域ですらなく、虫食いのようになって散らばっているのだ。「こんなに引きちぎられて、もはやパレスチナなんて地域はないみたいだ」と彼らは重苦しく言う。

しかし、あんなに散らばった入植地に住むのは不便でないのだろうか。一体誰が好んで住むのだろう。そう思っていたら、エルサレムに滞在した日、この入植地で生まれ育ったというユダヤ人の大学生にお世話になった。動揺を隠して「どうしてわざわざ入植地に住

図38

パレスチナの領土変遷

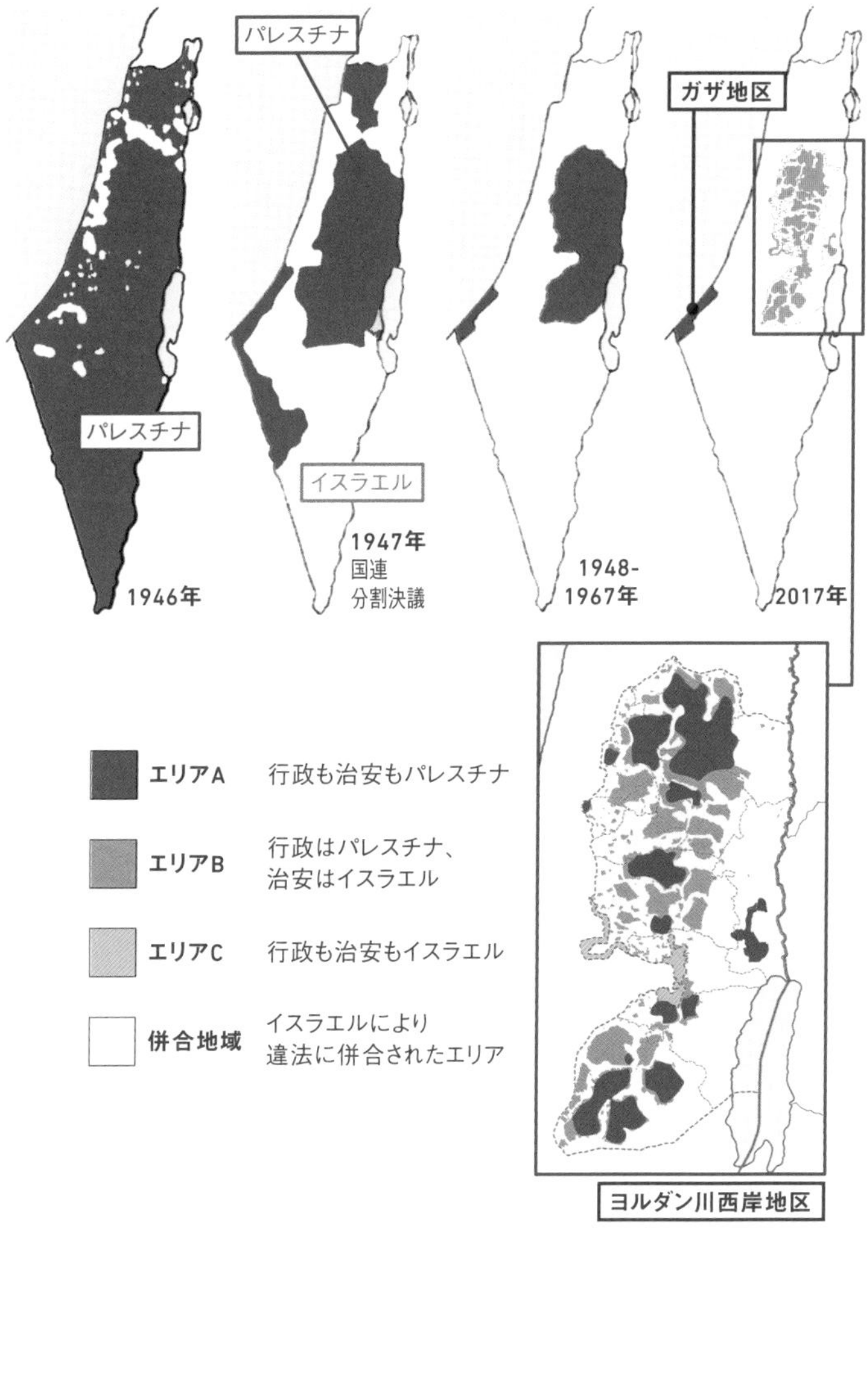

パレスチナ
パレスチナ
イスラエル
ガザ地区
1946年
1947年
国連
分割決議
1948-
1967年
2017年
エリアA
行政も治安もパレスチナ
エリアB
行政はパレスチナ、
治安はイスラエル
エリアC
行政も治安もイスラエル
併合地域
イスラエルにより
違法に併合されたエリア
ヨルダン川西岸地区

む の ? 」と聞いてみた。

「両親が超正統派(ultra-Orthodox)ユダヤ教徒で、ここはユダヤ人の土地だという強い主張を持っていたんだ。入植地に住むと、住宅は安く借りられるし、税金は優遇され、補助金までもらえるから、けっこういい暮らしができた。でも、仕事は特にないし将来性を感じない。あんなところに住むなんて自分にはナンセンスだったから、エルサレムに出てきたんだ」

イスラエルの入植補助金は、2003年の調査では14億ドルに上るという。*122 信仰とナショナリズムの強い超正統派ユダヤ教徒は、実は低所得者層が多い。安くいい暮らしができるというのは、かなり魅力的なオファーだ。入植活動が盛んな背景には、宗教だけでなく経済状況も働いているようだ。

また、イスラエルの侵攻が及んでいる土地は入植地だけではない。現在パレスチナの土地は、エリアA、B、Cの三つに分かれていて、パレスチナが完全な自治と防衛を保っているのはエリアAしかない。結果として、パレスチナ人にとっての「本当の」土地は、地図の上にごま塩のように散らばるわずかな地域のみなのだ。

そのエリアAだって、決して安心ではない。ナウラスが今住んでいるのはエリアAだが、それでもイスラエルの電力供給会社によってランダムに電気が止められるし、「先週は子どもたちの通う学校に催涙弾が投げ込まれた」と言うし、イスラエル兵の襲撃もあるし、安心して住むことがままならない。「この土地はパレスチナの領土ですよ」と言われながら、明日奪われるとも知れない中で、生活しているのだ。

そんな背景を知ってオリーブの木を改めて見上げると、この木の雄大さが身に沁みる。どっしりと地中に根を張り、実体があり、生活の糧を与えてくれるこの木は、じわじわと侵食される地図上の線よりもずっと頼もしく感じられる。

ナウラスは、「たとえこの土地を離れなければいけなかったとしても、オリーブの木が生えていたら、そこがパレスチナ人の土地だったとわかるから、帰って来られる」と力強く言う。そんな日が来ないことを心から祈りつつ、今年も来年もオリーブの実がたくさんとれて、少なくともあの丘の上の家に安心して住み続けられることを祈ってやまない。パレスチナで分けてもらった自家製オリーブの瓶を開けるたび、あの家族のことが思い出される。

ヨルダン

シリア難民がもたらした食文化

シリアには行ったことがないけれど、シリア料理はおいしいと知っている。ヨルダンで「料理上手な方だよ」と紹介されて泊めてもらったのが、シリア難民の方の家庭だったのだ。まさか難民家庭にお世話になるなんて予想外だったが、彼女を通してシリアの食を知り、心惹かれるようになった。

待ち合わせ場所に迎えに来てくれた彼女の名前はサマルさん。2012年にヨルダンに来た。先に難民として逃れていた夫に呼び寄せられて来て、今は夫と息子と三人で暮らしている。出会うなり「よく来たね！」と私の手をにぎりしめて歩き出し、「これから数日間、私が行くところにはどこにでも連れて行くんだからね」とこちらが驚くくらい懐に入れてくれた。

◆自家製尽くし、ピクニックのような朝食

難民というと、辺境の砂漠に作られたテント張りのキャンプに住んでいたり、安全な水

を得るのもままならない環境で生活していたりするイメージがあったから、街中のアパートにたどり着いた時は、びっくりした。決して豪奢ではないけれど、しっかりした石造りの建物で、部屋が3つほどあり、キッチンも十分広い。ちゃんと家ではないか。

しかしこの石造りの建物は一つ欠点があって、家の外よりも中の方が冷えるのだ。私が訪れたのは、12月の末のこと。中東だから暖かいだろうと思っていたら、冬のヨルダンは東京と同じくらい冷え込むときた。しかも砂漠だから、日が落ちると一気に冷えて、じっとしていると寒さが身に沁みる。家まで歩くうちにも体は冷え切ったが、「暖房はこれ一つしかないの」と、丸ストーブ一つを指差されて絶望した。その唯一の丸ストーブを私の方に寄せてくれるものだから、申し訳ないやらありがたいやら。遠慮しながらも手をかざすと、かじかんだ指にじんわり感覚が戻り、丸ストーブの偉大さと彼女のやさしさが沁みた。

夜になると、丸ストーブを部屋の真ん中に置いて、それを囲むように壁沿いに布団を3枚敷いて一緒に寝る（高校生の息子は隣の部屋）。朝起きて布団をたたむと、その部屋がダイニングルームに早変わり。テーブルクロスのようなビニールシートを敷き、朝食の支度がはじまる。

支度といっても火を使う調理はなく、おかずを小皿に出して並べ、丸ストーブでパンを温めるだけ。支度はあっという間なのだが、このビニールシートいっぱいにおかずを並べる朝食が、ピクニックのようでなかなか楽しいのだ。

「これはオリーブ漬け、こっちは自家製ピクルス、この柔らかいチーズのようなものはラブネ。オレンジ色のゼリーみたいなのはなんだかわかる？　かぼちゃをキャンディ煮にしたの！」

一つひとつは「出しただけ」なのだけれど、どれもおいしくて、パンを食べる手が止まらない。そして「どう？　私が作ったの。おいしいでしょ！」と子どもみたいに無邪気に聞いてくる様子がかわいらしくて、ますます食べ進めてしまう。オリーブ漬けも、ピクルスも、かぼちゃのキャンディ煮も、すべて彼女の手作りだ。ラブネはヨーグルトを水切りして作るクリームチーズのようなもので、シリアにいたときは手作りしていたが、ヨルダンでは生乳が高くてやらなくなったという。作れるものは作る。瓶から出しただけに見えて、手作り尽くしの豊かな食卓だ。

色々教えてくれた中で、特に愛おしそうに食べさせてくれたのが、マクドゥース。ピンポン玉大くらいの小ナスに、クルミやパプリカやにんにくを刻んだ詰め物をして、オリーブオイルに漬けた保存食だ。「これはね、シリアの味なの。数ヶ月前に漬けた、今シーズンのもの。食べてみて」。そう言って、そっと瓶から取り出して小皿にのせてくれた。油でテカテカに光って、小さな工芸品のようだ。パンで押しつぶすようにしてちぎって食べるの

自家製保存食はどれもおいしくて、パンを食べる手が止まらなかった。

小ナスに詰め物をした、マクドゥース。なかなか手がかかっている。

だと見せてくれたのだけれど、あんまりに美しくできているから、つぶすのは気が引けた。しかし、食べて納得。にんにく入りの詰め物のシャープな味わいは、油をたっぷり吸ったなすとちょうどバランスがよく、また染み出した油を吸ったパンがちょうどよい味のクッションで、ひと口でいろんな味が調和する。油の一滴も残さず、貴重なひと粒の工芸品をいただいた。

「ヨルダンでもマクドゥースは買えるけれど、シリア女性が作ったのが一番って言われるのよ。シリア人は何でも手作りするんだから」と誇らしげに語る。

◆シリア菓子の評判

食後には、白く磨き上げた小石のようなお菓子を袋から出してくれた。白い糖衣で包まれたアーモンドのお菓子で、サマルの夫が私に食べさせようと、シリア菓子の店で買ってきたのだという。「シリア菓子はおいしいって言われているのよ」とにっこり笑う。確かに、アフリカのスーダンを訪れた時も、街角にはシリア人の菓子屋がよくあって、シリア菓子はおいしいという同じ話をスーダン人から聞いたっけ。前の職場でレバノンの人たちが日本に来る時によく持ってきてくれたごままみれのクッキーも、シリア菓子だと言っていた。中東菓子というと甘さやスパイスが強くて好みが分かれるものが多い中で、あれはみんなに大人気だった。

シリア菓子は、他の中東諸国の菓子と同様ナッツをふんだんに使うものが多く、シロップや乳製品と組み合わせてさまざまな味わいと形が作り出される。ごまみれのクッキーはバラゼック、花のような模様のクッキーの中にデーツあんが詰まったマアムール、パイのような生地にピスタチオをぎっしり詰めてシロップに浸したバクラヴァ、などなど。かわいいひと口大サイズで見た目も美しいものが多いから、眺めているだけでうっとりする。

その後ヨルダンで過ごす中でも、ヨルダン人から「シリア菓子はおいしい」という話をたびたび聞いて、シリアへの憧れがずんずんと募っていった。

◆生活の中に当たり前に「難民」がいる

しかし、シリア菓子屋がなぜヨルダンにあるのかという事情を知ると、今すぐ行ける状態でないという現実が身に沁みる。ヨルダンもスーダンも、街角の菓子屋を動かしているのは、シリアからの難民だ。２０１１年に端を発するシリア内戦は10年以上経っても終わりが見えず、住んでいた人々の半数以上が難民として国内外に逃れた。今世紀最大とも言われる難民の発生は、どうして起きたのだろうか（図39）。

シリア内戦は、中東諸国に波及した民主化運動「アラブの春」が発端だった。シリアでも40年間続いていた独裁政権に対する不満が高まっており、２０１１年に抗議デモがはじまった。これが、周辺国からの武力支援を得るなどして内戦へと発展。政府側・反政府側両陣営に過激派組織が参戦したことなどで泥沼化し、出口の見えない内戦が２０２３年現在も続いている。

その間に、安心して暮らせる場所を求めて、多くの人が家を離れた。シリア国外に逃れた国外避難民は６８０万人、国内の別の場所に避難した国内避難民は６９０万人。あわせるとその数約１３７０万人におよぶ（ＵＮＨＣＲ、２０２１年12月時点）[*123]。国連統計では、内戦直前の２０１１年の人口が２２７０万人ほどだから[*77]、そこに生活していた人の半分以上の数が難民になったということだ。１３００万人というのは、東京都の人口に匹敵する。テレビのニュースで、荒廃した街の様子を見たことがあった気がするけれど、改めて数字で知ると途方もない規模で人々が住む場所を失ったという現実に呆然とする。今世紀最悪の人道危機ともいわれる内戦の犠牲は、あまりに大きい。

そして、国外に逃れた６８０万人の難民を受け入れたのは、隣接する国々だ。一番多いのはトルコで、次いでレバノン、ヨルダンも66万人以上の難民を受け入れている[*124]（図40）。ただしこれは難民登録されている人数で、ヨルダンの人口統計によると１３０万人ほど住んでいるとされる[*125]。ヨルダンの人口が約１０００万人だから、その約7パーセントにあた

図39　世界の難民の主な出身国

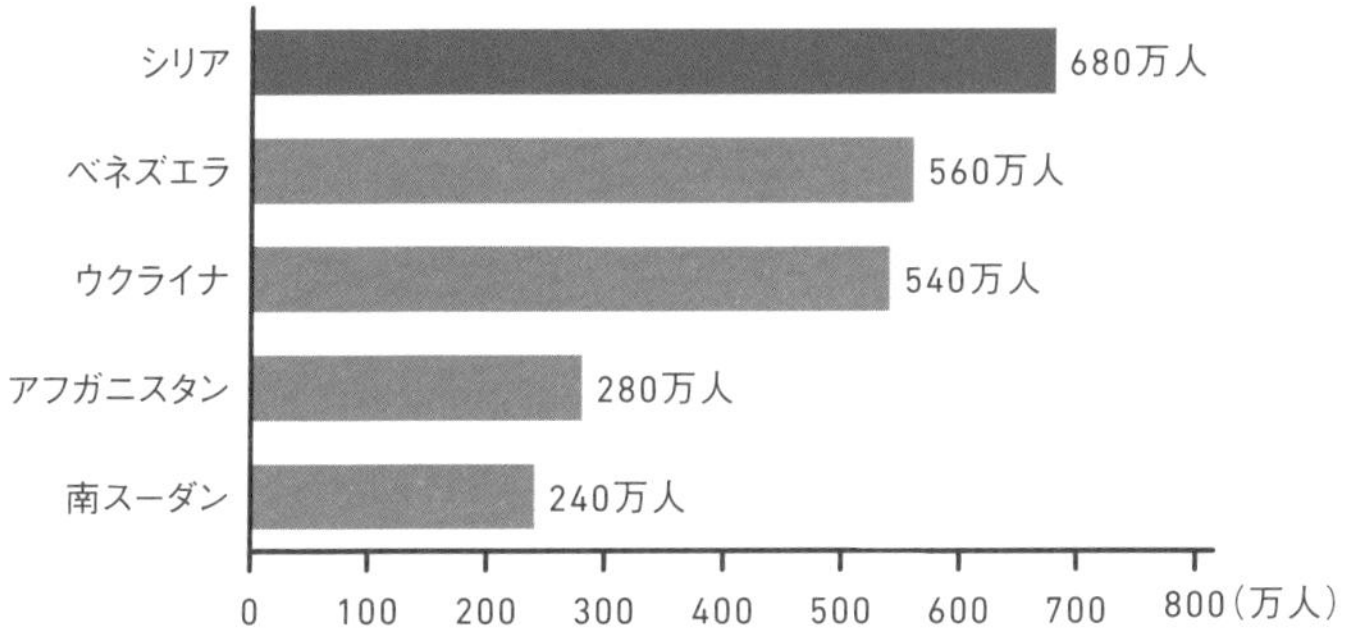

UNHCR Refugee Data Finderより筆者作成
（2022年12月31日最終アクセス）

首都アンマンの市場。誰がヨルダン人なのかシリア人なのか、区別がつかない。

図40

シリア難民の行き先

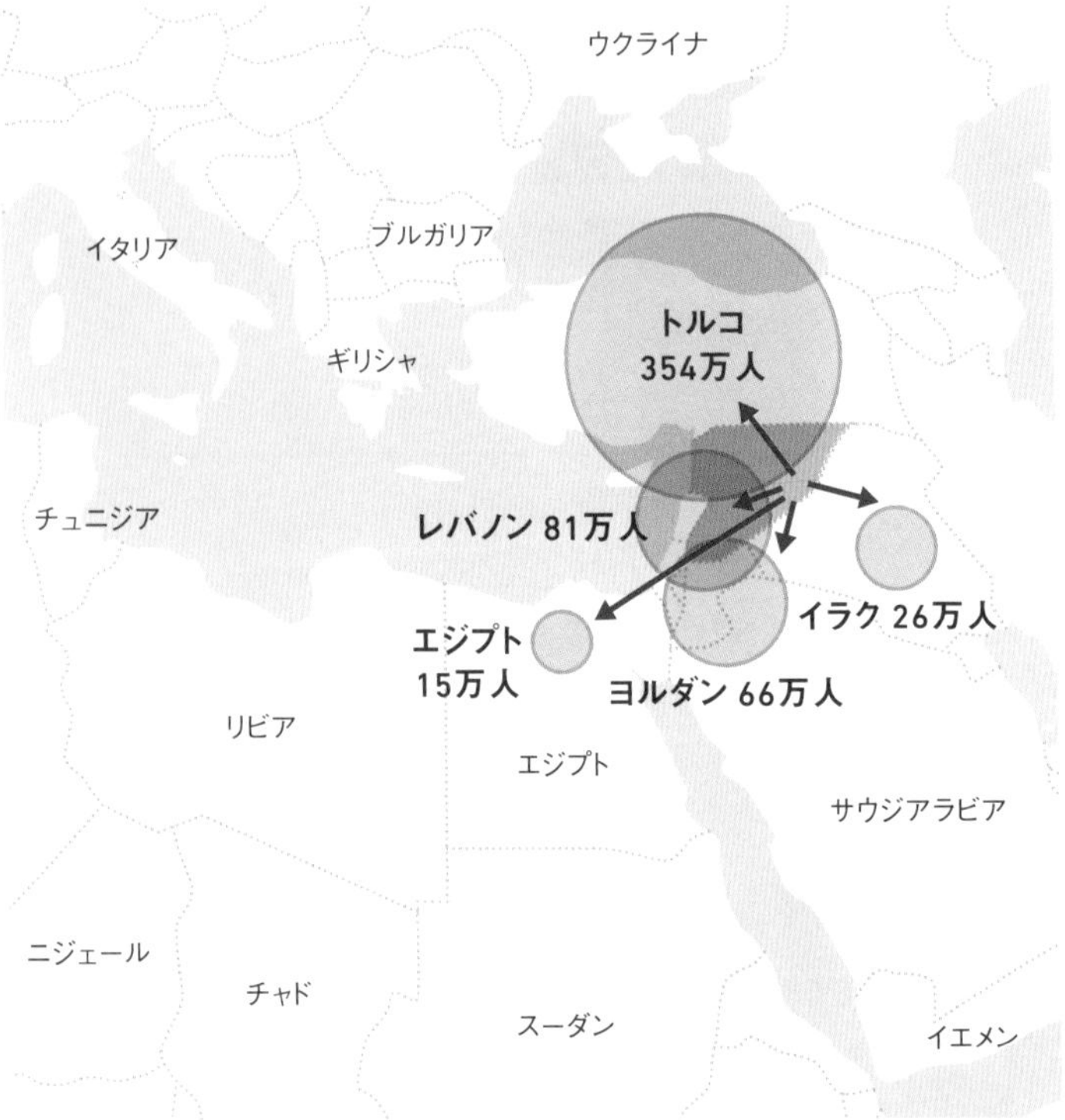

UNHCR Operational Data Portalより筆者作成
(2022年12月31日最終アクセス)

る人々が流入してきたことになる。なかなかな割合だ。

その上、ヨルダンには1948年の第一次中東戦争以降発生したパレスチナ難民も、230万人ほどいる。[*126] イラク戦争による難民6・5万人などもいて、すべて合わせて単純計算すると、人口の3割ほどが難民ということになる。ものすごい数だ。小学校に行ったら、クラスの10人くらいは難民ということなのだろうか。「ヨルダンに住んでいる人の7割くらいはパレスチナ系なんだよ」と教えてくれた人もいる。結婚などによって同化が進んでいるからだろうか、本当の数字はわからないし、見ためで区別することもほぼできない。それくらい生活の中に当たり前に「難民」がいるわけだ。

◆ヨルダン政府、共生への施策

単純に難民受け入れ人数だけ聞くと、「大勢の難民を受け入れていてえらい」と言いそうになるけれど、受け入れ国の負担は大変なものだ。医療・社会保障・教育などの公共サービスを難民にも提供しなければいけないし、砂漠気候なので飲料水の確保も問題だ。そしてそれらには大きな財政支出が伴う。また、シリア内戦前のヨルダンの失業率は12パーセント程度だったが、2014年頃から急上昇して2021年には19・3パーセントにのぼっている。[*127] 難民の就業機会も重要なテーマだが、その前にヨルダン人の雇用を守らなければいけない。しかしシリア人の就業を制限して十分な生活費を支給し続けられるほど潤沢な資金があるはずもない。結果、2018年現在ヨルダンに住むシリア難民の85パーセントは貧困ライン以下の生活をしている。*128

財政的な負担増や、もともと生活する人々の暮らしへの影響に加えて、難民は犯罪を起こすなどといった必ずしも根拠のないイメージによって、多くの国で難民受け入れは軋轢《あつれき》を生む。ヨーロッパでは難民政策が選挙の争点の一つになるくらい、身近な関心事だ。それはそうだ、難民を受け入れるという社会善は理解できても、そのせいで自分が損をしたり本来受けられるはずのサービスが受けられなくなったりしたら、なかなか気持ちよく納得はできない。

ヨルダンの場合はどうなのか。もちろん、軋轢がないわけではない。しかも、シリア人の約80パーセントは難民キャンプの外に暮らし、街で生活を共にしているのだから、社会インフラを分け合わなければいけない機会も多い。*129けれど、ヨルダンに住むヨルダン人たちに話を聞いて印象的だったのが、「シリア人はおいしいものをもたらしてくれたから」という言葉だった。特に、シリア人が営むお菓子屋さんは素晴らしいという。「シリア人が来て街の菓子屋のレベルが上がった」という話も聞いた。さらっと発されたその言葉に、なんだかすごく励まされた。また、サマルが英語を教える家庭教師先の家でマクドゥースをお裾分けしたら、その方は顔をほころばせて喜んでいた。こちらまでうれしくなった。

もちろん、どんなにシリア菓子が評判でも、紛争は解決しないし、ヨルダンの財政問題が解決するわけではない。「シリア菓子はおいしいからヨルダン人は難民を歓迎している」というのはあまりにうぶだろう。

しかし政策的にも、ヨルダンがシリア人を受け入れる一歩を踏み出しているのは注目したい。2016年、ヨルダン政府はシリア難民の就労許可基準を緩和した。医療等の外国人就労が認められない分野を除いて、複数の分野で正規雇用の申請ができるようになった。これはかなり異例の政策で、難民というのは普通、正規の仕事につけずに非正規の仕事で身を立て、脆弱な立場に置かれる。キャンプ内に住んでいても物売りなどではなく正規の仕事につけるというのはすごいことなのだ。

実際、これによって就労許可者は、2015年12月から2016年12月の1年間で4000人から4万人に急増した。[*130] 加えて、すでにシリア人が行っていたビジネスを正式に認めたり新規の開業を認めたりする方針を出した。それまで非正規だったシリア人の菓子屋も、正式にビジネスとして認められるようになったのだ。お菓子がおいしいからシリア人はウェルカムというだけの話でなく、政策的にも、シリア人を社会の一員として受け入れ、共生する道を築こうとしているのだ。

図41 難民認定数の各国比較（2021年）

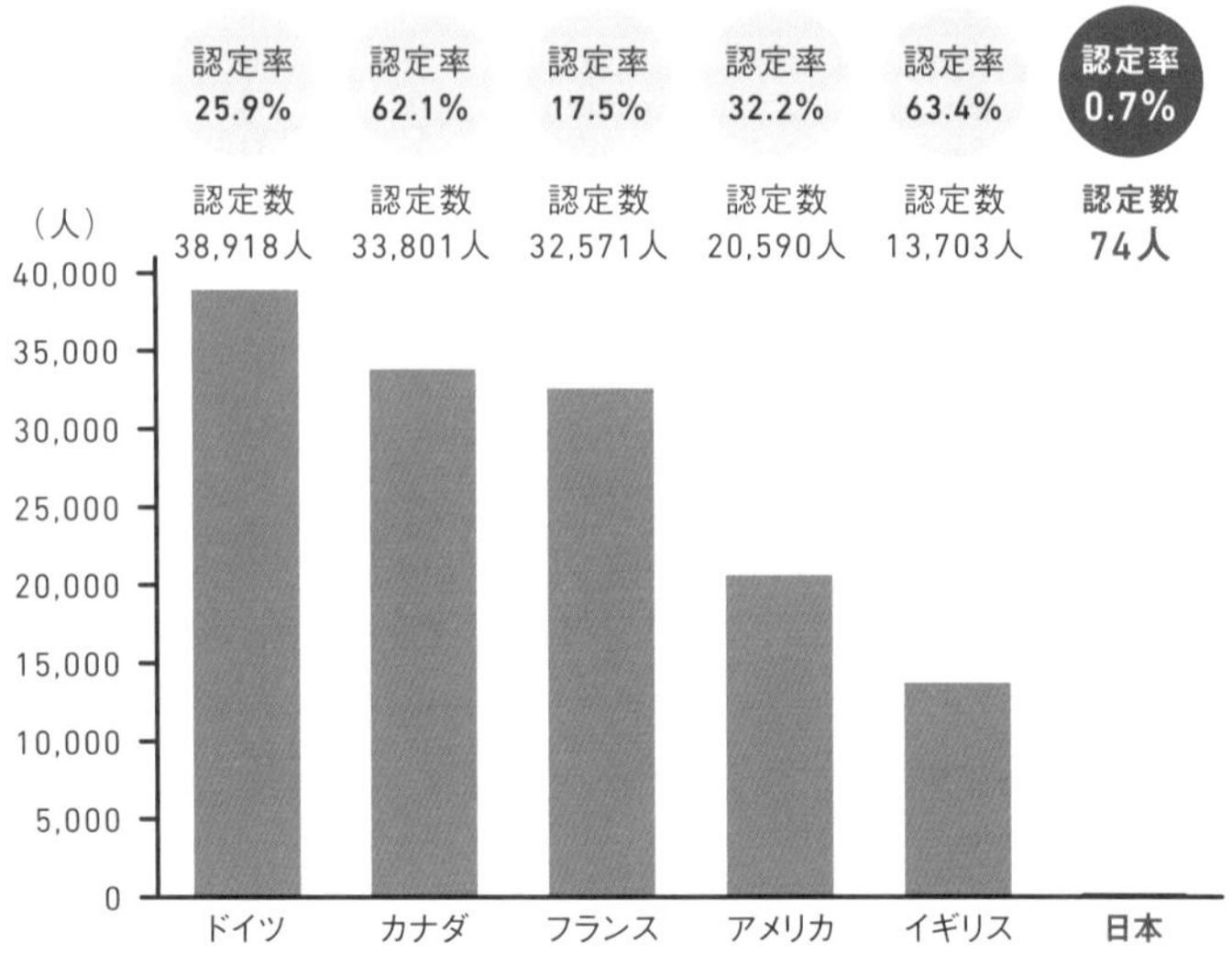

難民支援協会資料より筆者作成
データ元:UNHCR Refugee Data Finder、法務省発表資料

ところで、わが日本の難民受け入れ状況をご存じだろうか。ヨーロッパの国々が、軒並み十数パーセント以上の認定率のところ、日本は0・7パーセント（2021年、図41）[*131]。認定数で言うと3桁少ない74人だ。この圧倒的な認定率の低さには、難民認定基準の厳しさがあるといわれる。難民として認められなくても、一時的な在留特別許可が与えられることもあるものの、社会の一員として受け入れていこうというステージにはまだない。ヨルダンのシリア難民のことも心配だが、自分が生きるこの国の未来も心配だ。

おわりに

台所探検から帰ってきて、教わった料理の話をすると、「で、おいしかった？」と聞かれるのがお決まりです。

味が気になるのはきわめて当然のことですが、「おいしい／おいしくない」だけでない料理の味わい方を知ってほしいという思いがずっと渦巻いていて、それが本書を書き進める原動力となりました。思いがあふれ、原稿は予定を１００ページ近くもオーバーしてしまいました。

きっとあなたは明日も、食卓につくでしょう。アボカドで作ろうと思っていたサラダをきゅうりで作ってみたり、きゅうりの原産地ってどこだろうと考えてみたり、オリーブの瓶を裏返してどこの国でとれたのかを確かめたり。いつもよりちょっぴり深く、食材や料理のその先を見つめている自分に気づいたなら、著者としてこれ以上うれしいことはありません。

本書に収めた話は、主に2018年から2022年の5年間の訪問に基づくものです。この原稿を書いている間にも、世界は目まぐるしく変わっていきました。スーダンの2018年のパン値上げについて調べ直していて、近年の世界情勢でパンの値段がさらに高騰したことを知った時は、オムニヤの顔が思い出されてつらくなりました。パレスチナのナウラスからは「今年は久々に親戚が100人集まったよ！」とラマダン明けの大食事会のご馳走写真が送られてきて、世情をはねのけて強くたくましく生きる姿に希望を感じるのでした。

この本に書いたことも、今この時を生きる私が切り取った、世界の見方の一つにすぎません。「それはちょっと古い気がする」「こんな観点もあるんじゃないか」と思うことがあったなら、ぜひ教えてください。あなたが見つけた料理の向こう側を、私も知りたいです。

Twitter→@m_okaneya

ここまで読んでくださったあなたの明日からの食が、「おいしい」を超えて世界への扉となることを祈っています。

2023年3月

世界の台所探検家　岡根谷実里

2023-01-14)

*122 Human Rights Watch.「イスラエル／西岸地区：極めて差別的な入植地政策」. 2010-12-19.
https://www.hrw.org/ja/news/2010/12/19/241501, (参照 2023-01-14)

【ヨルダン　シリア難民がもたらした食文化】

*123 国連難民高等弁務官事務所(UNHCR). *Refugee Data Finder. "Population figures"*. https://www.unhcr.org/refugee-statistics/download/?url=rzf5JW, (参照 2023-01-14)

*124 UNHCR. *"Total registered refugees in Jordan"*. Operational Data Portal. https://data.unhcr.org/en/situations/syria/location/36#_ga=2.23805242.1099847472.1673958074-1686844068.1669698918, (参照 2023-01-14)

*125 Omer Karaspan. *"Syrian refugees in Jordan: A decade and counting"*. Brookings. 2022-01-27. https://www.brookings.edu/blog/future-development/2022/01/27/syrian-refugees-in-jordan-a-decade-and-counting/, (参照 2023-01-14)

*126 UNRWA. *"Where We Work, Jordan"*. https://www.unrwa.org/where-we-work/jordan, (参照 2023-01-14)

*127 Stave, S. E. & Hillesund, S. Impact of the influx of Syrian refugees on the Jordanian labour market : findings from the governorates of Amman, Irbid and Magraq. *International Labour Office. Fafo Institute for Applied International Studies. 2015*

*128 UNHCR. *"Fact sheet Jordan, June 2018"*. https://reporting.unhcr.org/sites/default/files/UNHCR%20Jordan%20Fact%20Sheet%20-%20June%202018.pdf, (参照 2023-01-14)

*129 国連労働機関(ILO). ILOSTAT. "Unemployment rate by sex and age – ILO modelled estimates, Nov.2022(%) - Annual". All sex, age 15+.
https://www.ilo.org/shinyapps/bulkexplorer34/?lang=en&segment=indicator&id=UNE_2EAP_SEX_AGE_RT_A, (参照 2023-01-14)

*130 ILO Regional Office for Arab States. Work permits regulations and employment outcomes of Syrian refugees in Jordan: towards the formalisation of Syrian refugees employment. 2017. https://www.ilo.org/wcmsp5/groups/public/---arabstates/---ro-beirut/documents/publication/wcms_559151.pdf, (参照 2023-01-14)

*131 UNHCR. *Refugee Data Finder. "Asylum decisions"*. https://www.unhcr.org/refugee-statistics/download/?url=5s3kTS. (参照 2023-01-14)

1W-JP-CN-US&start=1961&view=chart,（参照 2023-01-14）＊データ元はFAO
*109 日本放送協会・NHK出版.『NHKテキスト きょうの料理』1958年5-6月号, NHK出版, 1958.
*110 日本放送協会・NHK出版.『NHKテキスト きょうの料理』1968年7-8月号, NHK出版, 1968.
*111 日本放送協会・NHK出版.『NHKテキスト きょうの料理』1959年3-4月号, NHK出版, 1959.
*112 須谷和子, 志垣瞳, 池内ますみ, 澤田崇子, 長尾綾子, 升井洋至, 三浦さつき, 水野千恵, 山下英代, 山本由美.「NHK「きょうの料理」における煮物調理の変遷調査」.『日本調理科学会誌』. 2015, 48 (6). p.416-426
*113 クリナップ株式会社.「キッチン白書 2019〈献立変遷調査編〉」. 2019年2月. https://cleanup.jp/oikura/pdf/kitchen-hakusyo2019.pdf,（参照 2023-01-14）

【コロンビア　豊富な気候帯が生み出す一杯のスープ】

*114 CABI Digital library. *"Arracacia xanthorrhiza (arracacha)"*. https://www.cabidigitallibrary.org/doi/10.1079/cabicompendium.6973,（参照 2023-01-14）
*115 世界自然保護基金（WWF）. A look at the natural world of Colombia. *World Wildlide Magazine, Winter 2017*. https://www.worldwildlife.org/magazine/issues/winter-2017/articles/a-look-at-the-natural-world-of-colombia,（参照 2023-01-14）
*116 Angélica Loaiza. *"El ajiaco: un plato con historia"*. Canal Trece. 2018-12-17. https://canaltrece.com.co/noticias/el-ajiaco-un-plato-con-historia/,（参照 2023-01-14）

【コラム6　世界の家庭の朝食はパンとシリアル化が進む】

*117 アンドリュー・ドルビー.『図説 朝食の歴史』. 大山晶（訳）. 原書房. 2014, p.313

第8章　食と民族

【パレスチナ　国境よりも堅いオリーブの木と自家製オリーブ漬けの誇り】

*118 Palestinian Central Bureau of Statistics（PCBS）. *"The International Day of Refugees 2019"*. 2019. https://www.badil.org/phocadownloadpap/Statistics/（PCBS）The-International-Day-of-Refugees-2019-eng.pdf,（参照 2023-01-14）
*119 NHK.「中東解体新書 "入植地問題"ってなに？アメリカの政策転換の先にある現実」. 2019-12-25　https://www3.nhk.or.jp/news/special/new-middle-east/jewish-settlements/,（参照 2023-01-14）
*120 国連パレスチナ難民救済事業機関（UNRWA）. *"Palestine refugees"*. https://www.unrwa.org/palestine-refugees,（参照 2023-01-14）
*121 Office of the European Union Representative（West Bank and Gaza Strip, UNRWA）. *"2021 Report on Israeli settlements in the occupied West Bank, including East Jerusalem Reporting period -January - December 2021"*. 2022-7-20. https://www.eeas.europa.eu/sites/default/files/documents/EU%20Settlement%20Report%202021.pdf,（参照

2018-01-17. https://balkaninsight.com/2018/01/17/moldova-shifting-wine-exports-from-russia-to-eu-01-16-2018, (参照 2023-01-14)

【中華文化圏　進化する月餅と増える廃棄】

*98　360 ResearchReports. Global mooncake market insights and forecast to 2028. 2022

*99　The Standard. *"Concerns of mooncake waste raised as Mid-Autumn rounds the corner"*. 2022-08-23. https://www.thestandard.com.hk/breaking-news/section/4/193817/Concerns-of-mooncake-waste-raised-as-Mid-Autumn-rounds-the-corner. (参照 2023-01-14)

*100　Channel News Asia. *"Elaborate mooncake packaging difficult to recycle and damaging to the environment, experts say"*. 2019-08-27. https://www.channelnewsasia.com/singapore/mooncakes-packaging-can-it-be-recycled-environment-868031, (参照 2023-01-14)

*101　FoodNavigator-Asia. *"Pack it in: China further tightens packaging rules and bans use of precious materials for festive"*. 2022-05-10. https://www.foodnavigator-asia.com/Article/2022/05/10/china-further-tightens-packaging-rules-and-bans-use-of-precious-materials-for-festive-foods, (参照 2023-01-14)

*102　香港減廢網站. Guidelines on Environmental Mooncake Packaging Design. https://www.wastereduction.gov.hk/sites/default/files/Mooncake_Packaging_Guideline_ENG_W3C.pdf, (参照 2023-01-14)

【コラム5　ラマダンの時期、世界の食欲は増す】

*103　Hossain, K. A., Basher, S. A., & Haque, A. E. Quantifying the impact of Ramadan on global raw sugar prices. *International Journal of Islamic and Middle Eastern Finance and Management. 2018, 11*(4), p.510-528.

*104　Bakhotmah, B. A. The puzzle of self-reported weight gain in a month of fasting (Ramadan) among a cohort of Saudi families in Jeddah, Western Saudi Arabia. *Nutrition journal. 2011*, *10*(1), p.1-8

第7章　食と気候

【ウズベキスタン　日本の野菜は水っぽい?】

*105　吉田企世子.「作物生育条件と野菜の栄養成分・調理性との関係」.『栄養学雑誌』. 1998, 56(1), p.1-9.

*106　Shibata, M., Favero, D. S., Takebayashi, R., Takebayashi, A., Kawamura, A., Rymen, B.,Hosokawa, Y. & Sugimoto, K. Trihelix transcription factors GTL1 and DF1 prevent aberrant root hair formation in an excess nutrient condition. *New Phytologist. 2022, 10.1111/nph.18255*

*107　FAO. FAOSTAT. "Fertilizers by nutrient, Agricultural Use". https://www.fao.org/faostat/en/#data, (参照 2023-01-14) ＊窒素、リン酸、炭酸カリウムの合計

*108　世界銀行 (WB). *"Fertilizer consumption (kilograms per hectare of arable land)"*. https://data.worldbank.org/indicator/AG.CON.FERT.ZS?end=2020&locations=EU-

Products in Botswana: The Case of Commercialisation of Mopane Worms (Imbraisia belina) in Central District, Botswana. *Journal of Forest and Environmental Science. 2018, 34(1)*, p.24–30.

*85 Sebego, R. J. G. The ecology and distribution limits of Colophospermum mopane in southern Africa. *Botswana Notes and Records. 1999, 31*, p.53–72.

【コラム4　卵大国の日本、なぜ卵はずっと安いのか?】

*86 ダイアン・トゥープス.『タマゴの歴史』. 村上彩(訳). 原書房. 2014, p.184　http://www.harashobo.co.jp/book/b368990.html

*87 国際鶏卵委員会（IEC）. *"per capita consumption of eggs"*, IEC annual statistics data. 2021

*88 総務省.「消費者物価指数」. 品目別価格指数(1970-2020年). https://www.stat.go.jp/data/cpi/, (参照 2023-01-16)

*89 鶏鳴新聞—2020年各国データ②　IEC報告」. 2021-09-05. http://keimei.ne.jp/article/2020年各国データ②%E3%80%80iec報告.html, (参照 2023-01-16)

*90 鶏鳴新聞「鶏卵97%、鶏肉66%に上昇 令和2年度の食料自給率」. 2021-09-15. http://keimei.ne.jp/article/鶏卵97%、鶏肉66%に上昇%E3%80%80令和2年度の食料自給率.html, (参照 2023-01-16)

*91 市村敏伸.「『平飼い＝平地で飼う』じゃない!? 卵を選ぶために知っておきたいケージフリーのこと」. エシカルはおいしい!!. 2021-12-22. https://www.ethicalfood.online/2021/12/221547.html, (参照 2023-01-16)

*92 鶏鳴新聞「EU諸国 ケージ(エンリッチド)比率は年々低下 IECの2019年各国データ(下)」. 2020-09-25. http://keimei.ne.jp/article/eu諸国%E3%80%80ケージ(エンリッチド)比率は年々低下%E3%80%80.html, (参照 2023-01-16)

第6章　伝統食と課題

【モルドバ　自家製ワイン文化とアルコール問題】

*93 世界保健機関（WHO）. Global status report on alcohol and health 2018. *WHO*, 2019.

*94 Nate Ritchie. "*The battle against alcohol consumpation in Moldova*". The Borgen Project. 2021-11-30, https://borgenproject.org/alcohol-consumption-in-moldova/, (参照 2023-01-14)

95 Madeline Roache. "'You're Not a Person if You Don't Drink.' How This Tiny European Country Developed the World's Worst Drinking Problem*". TIME. 2019-09-09. https://time.com/5654052/moldova-drinking-problem/, (参照 2023-01-14)

96 Zenebe B. Uraguchi. "'Wine Is Food, Not Just Alcohol,' Says Moldova. But How Can It Stimulate the Agricultural Sector?* ". Helvetas. 2019-04-05. https://www.helvetas.org/en/switzerland/how-you-can-help/follow-us/blog/inclusive-systems/the-future-of-agri, (参照 2023-01-14)

*97 Madalin Necsutu. *"Moldova Toasts Wines' Success on Western Markets"*. Balkan Insight.

*70 日本経済新聞.「中国、食料自給低下に苦慮 農地劣化や乱開発要因 昨年7割台の試算も」. 2021-04-05. https://www.nikkei.com/article/DGKKZO70676320U1A400C2FF8000/,（参照 2023-01-12）

*71 松村史穂.「中華人民共和国期における農産物と化学肥料の流通統制」.田島俊雄（編）.『東京大学社会科学研究所 研究シリーズNo.17 20世紀の中国化学工業―永利化学・天原電化とその時代―』. 東京大学社会科学研究所. 2005, p.125-145.

*72 蒋高明, 博文静.「中国の食糧生産における環境保全型農業の役割（特集 中国農業の持続可能性）」.『アジ研ワールド・トレンド』.2011, 17（10）, p.4-7

*73 山田七絵.「中国における農村面源汚染問題の現状と対策―長江デルタを中心に―」. 大塚健司編『中国における流域の環境保全・再生に向けたガバナンス―太湖流域へのアプローチ 調査研究報告書』. 日本貿易振興機構（ジェトロ）アジア経済研究所. 2011, p.31-56.

*74 大島 一二. 中国農産物の安全問題と対策.『平成15年度「海外情報分析事業―アジア大洋州地域食料農業情報調査分析検討」報告書』. 2003

*75 Gapminder. *"Population Documentation - version 6"*. https://www.gapminder.org/data/documentation/gd003/

*76 PBL Neatherlands Environmental Assessment Agency. Hyde (History database of the Global Environment) v.3.2 https://www.pbl.nl/en/image/links/hyde

*77 国連経済社会局人口部（UNDESA Population Division）. World Population Prospects 2022. 2022

*78 U.S. Geological Survey. Mineral commodity summaries 2022. *U.S. Geological Survey.* 2022, p.202.

【ボツワナ　牛肉大国でなぜ虫を食べるのか?】

*79 Jongema, Y. List of edible insects of the world, (April 1, 2017). https://www.wur.nl/en/Research-Results/Chair-groups/Plant-Sciences/Laboratory-of-Entomology/Edible-insects/Worldwide-species-list.htm.（参照 2023-01-12）

*80 Mogomotsi, P. K., Mogomotsi, G. E., & Gondo, R. Utilisation of Non Timber Forest Products in Botswana: The Case of Commercialisation of Mopane Worms (Imbraisia belina) in Central District, Botswana. *Journal of Forest and Environmental Science. 2018, 34(1)*, p.24–30.

*81 アメリカ合衆国国際貿易局（ITA）. *"Botswana - Country Commercial Guide"*. 2022-08-02. https://www.trade.gov/country-commercial-guides/botswana-agricultural-sectors（参照 2023-01-12）

*82 FAO. Plant breeding programs in Botswana. https://www.fao.org/in-action/plant-breeding/our-partners/africa/botswana/en/（参照 2023-01-12）

*83 Stack, J., Dorward, A.R., Gondo, T., Frost, P.G., Taylor, F., & Kurebgaseka, N. Mopane worm utilisation and rural livelihoods in Southern Africa. In *International Conference on Rural Livelihoods, Forests and Biodiversity. 2003, Vol. 19*, p.19-23.

*84 Mogomotsi, P. K., Mogomotsi, G. E. & Gondo, R. Utilisation of Non Timber Forest

ラス. 2008
*53 堀内都喜子.『フィンランド 幸せのメソッド』. 集英社. 2022
*54 Ufuk Güven & Behlül Bilal Sezer. The Effect of Parental Pressure on Teachers on Students' Mathematics Achievement. *Journal of Ahi Evran University Kirsehir Education Faculty. 2020*, 21(3)
*55 Sahlberg, P. A short history of educational reform in Finland. *White paper, April. 2009.*
*56 岩竹美加子.「フィンランドの教育、日本の教育」.『南山大学ヨーロッパ研究センター報』第26号. p.1–23.

【ベトナム　代替肉のルーツを探して寺の台所へ】

*57 辻原康夫.『世界地図から食の歴史を読む方法』. 河出書房新社, 2002. p.224
*58 マーヴィン・ハリス.『食と文化の謎』. 岩波書店, 1988. p.393
*59 森枝卓士.『アジア菜食紀行』. 講談社, 1998. p.210

第5章　食料生産

【キューバ　食料配給制が残るオーガニック農業先進国】

*60 Willer, H., Trávníček, J., Meier, C., & Schlatter, B. (Eds.): The World of Organic Agriculture. Statistics and Emerging Trends 2022. *Research Institute of Organic Agriculture FiBL, Frick, and IFOAM – Organics International, Bonn.*
*61 UN Department of Economic and Social Affairs Statistics. *"Indicator 5.4.1, Series : Proportion of time spent on unpaid domestic and care work, female (% of 24 hour day)"*, 2016, Age 15+. https://unstats.un.org/sdgs/dataportal/database,（参照 2023-01-12）
*62 Hitchman, J. H. U.S. Control Over Cuban Sugar Production 1898-1902. *Journal of Interamerican Studies and World Affairs. 1970, 12(1)*, p.90–106.
*63 FAO. *"Global fertilizer markets and policies: a joint FAO/WTO* mapping exercise". https://www.fao.org/3/cc2945en/cc2945en.pdf,（参照 2023-01-12）
*64 農林水産省.「肥料をめぐる情勢」. 2022-04-04. https://www.maff.go.jp/j/seisan/sien/sizai/s_hiryo/attach/pdf/index-7.pdf,（参照 2023-01-12）
*65 日本経済新聞.「肥料値上げ、最高値 JA全農は最大9割」. 2022年6月1日. https://www.nikkei.com/article/DGKKZO61315340R00C22A6EA1000/,（参照 2023-01-12）
*66 経済産業省.「世界的なエネルギー価格の高騰とロシアのウクライナ侵攻」.『エネルギー白書2022』. 2022

【中国・上海　安心して食べられる野菜を求めて】

*67 Da, W.-W. A Regional Tradition of Gender Equity: Shanghai Men in Sydney, Australia. *The Journal of Men's Studies. 2004*, 12(2), p.133–149.
*68 FAO. FAOSTAT. https://www.fao.org/faostat/en/#data,（参照 2023-01-12）
*69 USDA Foreign Agricultural Service. China: Potato and Potato Products Annual. 2020 Potato and Potato Products Annual. 2020.

*41 Jane Corscadden. *"How many pounds of guacamole are consumed on Superbowl Sunday?"*. The Focus.
https://www.thefocus.news/food-and-drink/how-many-pounds-of-guacamole-are-consumed-on-superbowl-sunday/. (参照 2023-01-12)

*42 Mekonnen, M.M. & Hoekstra, A.Y. The green, blue and grey water footprint of crops and derived crop products, *Value of Water Research Report Series. 2010, 47,* UNESCO-IHE, Delft, the Netherlands.

*43 NHK 国際報道2023.「環境破壊や誘拐事件まで アボカドブームの裏に隠された"不都合な真実"」.
https://www.nhk.jp/p/kokusaihoudou/ts/8M689W8RVX/blog/bl/pNjPgEOXyv/bp/p0v3QDmJLr/, (参照 2023-01-12)

*44 Mark Stevenson. *"México: Deforestación por aguacates, mayor a la calculada"*. AP News. 2016-11-01.
https://apnews.com/article/ea0c342d603f4d089768a41a1c02dfc8, (参照 2023-01-12)

*45 国連開発計画(UNDP) The Biodiversity Finance Initiative (BIOFIN). *"Mexico"*
https://www.biofin.org/mexico. (参照 2023-01-12)

*46 Gobierno de México. Data Mexico. *"Michoacan de Ocampo"*.
https://datamexico.org/en/profile/geo/michoacan-de-ocampo-mi, (参照 2023-01-12)

*47 Tom Philpott. *"Your Almond Habit Is Sucking California Dry"*. Mother Jones. 2014-07-14.
https://www.motherjones.com/food/2014/07/your-almond-habit-sucking-califoirnia-dry/. (参照 2023-01-12)

【コラム3 世界のサバ缶30種を食べ比べてみた】

*48 公益社団法人 日本缶詰びん詰レトルト食品協会.「国内生産数量統計(2021年最新データおよび2012年以降推移データ)」. https://www.jca-can.or.jp/data/jcadata.html, (参照 2023-01-16)

*49 水産庁.「沿岸漁業者の皆様へ ～新しい資源管理の話～」. https://www.jfa.maff.go.jp/j/kikaku/kaikaku/attach/pdf/suisankaikaku-38.pdf, (参照 2023-01-16)

第4章 食の創造性

【フィンランド パンケーキ作りに透けて見える子ども中心教育】

*50 経済協力開発機構(OECD). PISA 2018 Results (Volume III): What School Life Means for Students' Lives. PISA. OECD Publishing. 2019. https://www.oecd-ilibrary.org/education/pisa-2018-results-volume-iii_acd78851-en

*51 Helliwell, J. F., Layard, R., Sachs, J. D., De Neve, J.-E., Aknin, L. B., & Wang, S. (Eds.). World Happiness Report 2022. *Sustainable Development Solutions Network, 2022.* https://worldhappiness.report/ed/2022/

*52 リッカ・パッカラ.『フィンランドの教育力――なぜ、PISAで学力世界一になったのか』.学研プ

*26 Lauren Cahn. *"Here's Everything You Need to Know About Kosher Cooking"*. Taste of Home. 2021-01-11. https://www.tasteofhome.com/article/kosher-cooking-2/,（参照 2023-01-12）

【インド　世界一厳しい？　ジャイナ教の菜食と生命観】

*27 上田真啓.『ジャイナ教とは何か―菜食・托鉢・断食の生命観』. 風響社, 2017, p.54

*28 藤永伸.「ジャイナ教の生命観」.『日本仏教学会年報』.1990, 55号, p.57-68

*29 渡辺研二.『ジャイナ教―非所有・非暴力・非殺生 その教義と実生活』. 論創社, 2005年, p.371

第3章　食と地球環境

【ボツワナ　アフリカの大地で出会った、タンパク質危機を救う最強の魚】

*30 国際連合食糧農業機関（FAO）. FAO Yearbook. Fishery and Aquaculture Statistics 2019. 2019.

*31 FAO. Aquaculture of tilapias. Tilapias as Alien Aquatics in Asia and the Pacific: A Review. 2004.

*32 Fitzsimmons, K. Tilapia: the most important aquaculture species of the 21st century. Proceedings, *Fifth International Symposium on Tilapia in Aquaculture. 2000*, p.3-8.

*33 Andreoli, V., Bagliani, M., Corsi, A. & Frontuto, V. Drivers of Protein Consumption: A Cross-Country Analysis. *Sustainability. 2021, 13(13)*:7399.

*34 Zhang, W., Belton, B., Edwards, P., Henriksson, P. J., Little, D. C., Newton, R., & Troell, M. Aquaculture will continue to depend more on land than sea. *Nature. 2022, 603*. E2–E4

*35 Nivelle, R., Gennotte, V., Kalala, E. J. K., Ngoc, N. B., Muller, M., Melard, C., & Rougeot, C. Correction: Temperature preference of Nile tilapia (Oreochromis niloticus) juveniles induces spontaneous sex reversal. *PLoS One. 2019*, 14(3): e0214689.

*36 Ihuahi Josiah Adoga, E., Joseph, O., Samuel. Storage Life of Tilapia (Oreochromis niloticus) in Ice and Ambient Temperature. Researcher, 2010, 2(5)

*37 National Fisheries Institure (NFI). *"NFI's Top 10 List Offers a Look Back in Time"*. PerishableNews.com. 2022-05-17. https://www.perishablenews.com/seafood/nfis-top-10-list-offers-a-look-back-in-time/,（参照 2023-01-12）

*38 伏木亨.『味覚と嗜好のサイエンス［京大人気講義シリーズ］』. 丸善, 2008, p.168.

【メキシコ　アボカド人気が大地を渇かす】

*39 農林水産省.「農林水産物輸出入統計 農林水産物品目別実績(輸入)」. https://www.maff.go.jp/j/tokei/kouhyou/kokusai/hinmoku.html,（参照 2023-01-12）

*40 アメリカ合衆国農務省（USDA）. *"Imports play dominant role as U.S. demand for avocados climbs"*.
https://www.ers.usda.gov/data-products/chart-gallery/gallery/chart-detail/?chartId=103810,（参照 2023-01-12）

www.moj.go.jp/isa/publications/materials/nyuukokukanri07_00138.html, (参照 2-23-01-14)

*13 参議院. 第204回国会(常会)第34号「外国人技能実習制度をめぐる各種のトラブルに関する質問主意書」菅義偉首相答弁. 2021-03-23 https://www.sangiin.go.jp/japanese/joho1/kousei/syuisyo/204/meisai/m204034.htm, (参照 2023-01-14)

【スーダン　パンの普及が生活を揺るがす】

*14 アメリカ農務省海外農業局(USDA Foreign agricultural service). *"Country summary: Sudan"*. https://ipad.fas.usda.gov/countrysummary/default.aspx?id=SU&crop=Wheat, (参照 2023-01-12)

*15 世界食料機関(FAO). *FAOSTAT*. https://www.fao.org/faostat/en/#data, (参照 2023-01-12)

*16 Shugeiry, Suleiman A. Wheat subsidies in Sudan: Policy implications and fiscal costs. *Famine and food policy discussion paper 3. 1990*

*17 国際連合人道問題調整事務所(OCHA). *"Sudan's imports of wheat and wheat flour from Russia and Ukraine"*. 2022-07-07. https://reports.unocha.org/en/country/sudan/card/6aUiKifipo/, (参照 2023-01-12)

*18 Al Jazeera. *"Several killed in Sudan as protests over rising prices continue"*. 2018-12-21. https://www.aljazeera.com/news/2018/12/21/several-killed-in-sudan-as-protests-over-rising-prices-continue, (参照2023-01-12)

*19 Africanews. *"Sudanese demonstrate high commodity prices as police crackdown on protesters"*. 2022-03-14. https://www.africanews.com/2022/03/14/sudanese-demonstrate-high-commodity-prices-as-police-crackdown-on-protesters/, (参照2023-01-12)

【コラム1　おみやげに喜ばれる日本のお菓子は?】

*20 ITmedia ビジネスオンライン. 「先細りのガム、台頭するグミ『お口の中』の主役が劇的に変化した理由」. 2022-06-25. https://www.itmedia.co.jp/business/articles/2206/25/news008.html, (参照 2023-01-16)

第2章　食と宗教

【イスラエル　マクドナルドにチーズバーガーがない——食べ合わせの謎に迫る】

*21 外務省.「イスラエル国基礎データ」. 2022-09-09. https://www.mofa.go.jp/mofaj/area/israel/data.html, (参照2023-01-12)

*22 辻原康夫.『世界地図から食の歴史を読む方法』. 河出書房新社, 2002, p.224

*23 マーヴィン・ハリス.『食と文化の謎』. 板橋作美(訳). 岩波書店, 2001, p.393

*24 OU Kosher. *"Kosher Food: The Kosher Primer"*. https://oukosher.org/the-kosher-primer/, (参照 2023-01-12)

*25 コーシャジャパン株式会社. 「コーシャとは?」. https://www.kosherjapan.co.jp/kosher/what-is-kosher/kosher-regulations/, (参照 2023-01-12)

参考文献

第1章　食と政治

【ブルガリア　ヨーグルトは本当に「伝統食」か?】

*1　Republic of Bulgaria National Statistical Institute. *"Households Consumption"* 2021 annual data. https://www.nsi.bg/en/content/3255/annual-data, (参照 2023-01-12)

*2　農林水産省.「牛乳乳製品統計調査 確報 令和3年牛乳乳製品統計」. https://www.maff.go.jp/j/tokei/kouhyou/gyunyu/, (参照 2023-01-12)

*3　Stoynov, E. Report on livestock breeding in Bulgaria in the target SPAs of 'Vultures back to LIFE' project – LIFE14NAT/BG/649. Technical report under Action A4. 2018, p.24.

*4　Alexander, P., Brown, C., Arneth, A., Finnigan, J. & Rounsevell, M. Human appropriation of land for food: The role of diet. *Global Environmental Change. 2016, vol. 41*, pp.88-98

*5　マリア ヨトヴァ.『ヨーグルトとブルガリア―生成された言説とその展開』. 東方出版. 2012, p.313

*6　Economedia. *"Шопската салата била" изобретена"от" Балкантурист" през 1955 г., твърди експерт"*. 2018-12-30. https://www.dnevnik.bg/bulgaria/2018/12/30/3368161_shopskata_salata_e_izobretena_prez_1954-55_g_ot/, (参照 2023-01-12)

【メキシコ　アメリカナイズされるタコス】

*7　Smithonian National museum of American Indian. *"Creation Story of the Maya"*. https://maya.nmai.si.edu/the-maya/creation-story-maya, (参照2023-01-11)

*8　谷洋之.「メキシコにおけるトウモロコシ生産・流通・消費の動向 ―自由化から新たな輸入代替へ?―」.『食料危機と途上国におけるトウモロコシの需要と供給』調査研究報告書. 清水達也編. アジア経済研究所. 2010, p.39-60

*9　González-Ortega, E., Piñeyro-Nelson, A., Gómez-Hernández, E., Monterrubio-Vázquez, E., Arleo, M., Dávila-Velderrain, J., Martínez-Debat, C. & Álvarez-Buylla, E. R. Pervasive presence of transgenes and glyphosate in maize-derived food in Mexico. *Agroecology and Sustainable Food Systems,* 2017, 41, 1146-1161.

【ベトナム　元技能実習生たちが作る精進料理】

*10　出入国在留管理庁.「令和4年6月末現在における在留外国人数について」. 2022-10-14. https://www.moj.go.jp/isa/publications/press/13_00028.html, (参照 2023-01-14)

*11　出入国在留管理庁.「技能実習生の支払い費用に関する実態調査について(結果の概要)」. 2022-07-26. https://www.moj.go.jp/isa/content/001377366.pdf, (参照 2023-01-14)

*12　出入国在留管理庁.「公表情報(監理団体一覧、行政処分等、失踪者数ほか)」. https://

文・写真
岡根谷実里（おかねや・みさと）

世界の台所探検家。1989年、長野県生まれ。東京大学大学院工学系研究科修士修了後、クックパッド株式会社に勤務し、独立。世界各地の家庭の台所を訪れて一緒に料理をし、料理を通して見える暮らしや社会の様子を発信している。講演・執筆・研究のほか、全国の小中高校への出張授業も実施。訪問国／地域は60以上。立命館大学BKC社系研究機構客員協力研究員、大阪大学感染症総合教育研究拠点（CiDER）連携研究員。著書に『世界の台所探検 料理から暮らしと社会がみえる』（青幻舎）、翻訳絵本『世界の市場 おいしい！たのしい！24のまちでお買いもの』（河出書房新社）など。好きな食べ物はおやき。

世界《せかい》の食卓《しょくたく》から社会《しゃかい》が見《み》える

2023年4月25日　第1刷発行
2024年9月5日　第5刷発行

著者　岡《おか》根《ね》谷《や》実《み》里《さと》
発行者　佐藤 靖
発行所　大和《だいわ》書房
東京都文京区関口1-33-4 〒112-0014
電話 03-3203-4511

装丁　鳴田小夜子（KOGUMA OFFICE）
DTP　マーリンクレイン
イラスト（P25、277）　マツ

カバー印刷　歩プロセス
本文印刷・製本　中央精版印刷

ISBN978-4-479-39402-0

http://www.daiwashobo.co.jp